국어도 풀고, 사회도 풀고, 과학도 풀고

들어가기 전에…

생각에 날개를 달자!

말레이시아의 한 저명한 국제 변호사는 말레이시아의 젊은 변호사들이 도무지 시키는 일 외에는 자발적으로 생각하고, 독창적으로 움직이고 결정하는 능력이 없다고 개탄했습니다. 갈수록 말레이시아에도 글로벌 기업들이 늘어나기 때문에 세계의 변호사들과 상대해야 하는데, 이런 수동적인 자세는 치명적이라는 것이죠.

우리나라도 말레이시아의 사정과 별로 다를 것이 없습니다. 자신이 공부하는 내용이 무엇을 의미하는지 고민하고 분석할 여유 없이, 그저 앞으로만 달렸던 아이들이 과연 자립적인 사고가 가능할까요?

아이들 속에 잠재되어 있는 수천, 수백 가지의 생각들이 어른들의 선입견과 고정관념으로 만들어진 교육의 틀 속에 갇혀 갑갑해 하고 있지는 않을까요?

지금의 아이들은 막대한 정보를 소유하고 능숙하게 다룰 줄 압니다. 그러나 그 정보의 옳고 그름을 생각하지 않고 그대로 받아들이고 베끼는 학습을 하는 아이들이 많습니다.

〈바깔로레아 교과 논술〉은 정보의 홍수 속에 빠져 자기 생각을 할 여유가 없는 아이들에게 옳고 그름을 판단하는 눈, 세상을 새롭게 바라보는 눈을 갖게 하고 스스로 자기 생각의 크기를 키우게 하고자 시작되었습니다. 아이들이 〈바깔로레아 교과 논술〉을 통해 자기만의 눈을 갖고 생각에 날개를 달 수 있게 최선을 다하겠습니다.

지은이 **서울대 국어교육학 박사 박학천**

- 국어 사회 과학 + 독서 논술 토론 통합프로그램입니다.
- 쉽고 부담 없는 자료를 편하게 따라만 가면 저절로 사고력, 독해력, 이해력이 자라는 검증된 프로그램입니다.

단원별 학습 목표 및 구성

week 01
발상사고 혁명

실질적인 〈발상·사고〉 훈련
- 고정관념을 깨고, 개성적인 사고를 기릅니다.
- 스스로 질문하고 비판하는 시각과 자세를 기릅니다.

week 02
교과서 논술 01

〈국어 능력〉 심화 학습
- 국어 교과서 선행 학습으로 단원의 핵심을 이해합니다.
- 수행평가, 서술형 논술형 문항으로 국어과 학습 능력을 키웁니다.

※ 교과서 활용 : 『듣기·말하기』 / 『읽기』

week 03
독서 클리닉

실질적인 〈읽기 능력〉 향상 훈련
- 억지로 읽기보다는 읽는 맛과 재미를 알려 줍니다.
- 비판적 읽기, 개성적 읽기로 글을 보는 안목을 키웁니다.

week 04
교과서 논술 02

〈국어 능력〉 심화 학습
- 국어 교과서 선행 학습으로 단원의 핵심을 이해합니다.
- 수행평가, 서술형 논술형 문항으로 국어과 학습 능력을 키웁니다.

※ 교과서 활용 : 『듣기·말하기』 / 『읽기』

병아리도 날 수 있다!

week 05
영재 클리닉 01

사회 교과서를 활용한 영재 심화 학습
- 통합 교과 시대를 대비, 사회과 학습 테마를 논술로 연결시켜 쉽고 재미있게 초중고 학습 과정의 주요 주제와 쟁점을 알려 줍니다.

※ 교과서 활용 : 『사회』

week 06
교과서 논술 03

〈국어 능력〉 심화 학습
- 국어 교과서 선행 학습으로 단원의 핵심을 이해합니다.
- 수행평가, 서술형 논술형 문항으로 국어과 학습 능력을 키웁니다.

※ 교과서 활용 : 『듣기·말하기』 / 『읽기』

week 07
영재 클리닉 02

과학 교과서를 활용한 영재 심화 학습
- 통합 교과 시대를 대비, 과학과 학습 테마를 논술로 연결시켜 쉽고 재미있게 초중고 학습 과정의 주요 주제와 쟁점을 알려 줍니다.

※ 교과서 활용 : 『과학』

week 08
논술 클리닉

『쓰기』 교과서를 활용한 논술 훈련!
- 쓰기 교과서로 쓰기 학습 능력을 키운 후, 생활문에서 본격 논술까지 자신 있게 자신의 견해를 글로 표현하도록 유도합니다.

※ 교과서 활용 : 『쓰기』

차례

발상사고혁명	비교해 보면 달라요	05
교과서 논술 01	마음을 읽어요	13
독서 클리닉	아낌없이 주는 마음	25
교과서 논술 02	이렇게 해 봐요	35
영재 클리닉 01	점점 빨라지고 좁아지는 세상	43
교과서 논술 03	함께 살아요	51
영재 클리닉 02	동물들의 생김새엔 이유가 있다	61
논술 클리닉	텔레비전을 꺼라	71
신통방통 서술형 논술형	국어 술술 사회 술술 과학 술술	81

책 속의 책 | **GUIDE & 가능한 답변들**

비교해 보면 달라요

여자 아이는 키가 큰 걸까요?
작은 걸까요?

비교해 보면 달라요

01 귀할수록 맛있다?

※ 다음 글을 읽고, 물음에 답하시오.

바나나는 열대 과일이기 때문에 우리나라에서는 잘 열리지 않는다. 그래서 농산물 수입이 자유롭지 못하던 1980년대에는 바나나가 아주 귀하고 비싼 과일이었고, 아이들이 가장 먹고 싶어 하는 과일이었다.

1990년대부터 외국의 농산물이 우리나라에 많이 들어오면서 한 송이에 몇 만 원씩 하던 바나나 값이 몇 천 원으로 떨어졌다. 바나나가 시장이나 백화점에서 쉽게 구할 수 있는 흔한 과일이 되자 사람들은 더 이상 바나나를 가장 먹고 싶은 과일로 꼽지 않았다.

1 1980년대에 바나나는 어떤 과일이었는지 쓰시오.

2 1980년에는 귀한 대접을 받던 바나나가 1990년 이후에는 귀한 대접을 받지 못한 까닭은 무엇인지 쓰시오.

02 김치는 맛있다?

※ 다음 그림을 보고, 물음에 답하시오.

1 이 그림에서 외국인들이 코를 막고 괴로운 표정을 짓는 까닭은 무엇인지 생각해서 쓰시오.

___

___

2 김치는 우리나라 사람들 대부분이 좋아하는 음식이지만 외국인들 중에는 김치를 싫어하거나 못 먹는 사람들이 많습니다. 그 까닭은 무엇인지 쓰시오.

___

___

03 손으로 먹고 손으로 닦고

※ 다음 사진을 보고, 물음에 답하시오.

▲ 한국　　　　　　　　▲ 인도

1 이 사진을 보고, 두 나라의 식생활 문화가 어떻게 다른지 한 가지만 쓰시오.

_____

_____

2 이 사진처럼 우리나라와 인도가 음식을 먹는 방법이 다른 까닭은 무엇인지 쓰시오.

_____

04 동양의 용과 서양의 용

※ 다음 그림을 보고, 물음에 답하시오.

▲ 동양의 용　　　　　　▲ 서양의 용

1 다음은 용(龍)에 대한 동양과 서양의 생각 차이를 나타낸 내용입니다. 동양에서 생각하는 용과 서양에서 생각하는 용이 다른 까닭은 무엇인지 간단하게 쓰시오.

동양	서양
용을 아주 신비롭고 신성한 동물로 여겨 숭배했으며, 주로 깊은 못에 살고 날개가 없이 하늘을 날며 비바람을 불러 일으키는 재주가 있다고 생각함.	용을 사악하고 인간을 괴롭히는 나쁜 동물로 여겨 악의 상징인 날개가 있고 입에서 불을 내뿜는 괴물의 모습으로 나타냄.

2 다음은 우리나라에서 사용하는 낱말들입니다. 다음 낱말들을 통해 알 수 있는 사실은 무엇입니까? 　　　　　　　　　　　　　　　　　　　(　　　)

> 용안 → 왕의 얼굴　　용포 → 왕의 옷　　용좌 → 왕이 앉는 자리

① 우리나라에서는 용이 옷을 상징한다.
② 우리나라에서는 용이 왕을 상징한다.
③ 우리나라에서는 용이 얼굴을 상징한다.
④ 우리나라에서는 용이 자리를 상징한다.
⑤ 우리나라에서는 용이 악한 동물을 상징한다.

3 여러분은 용에 대해 어떻게 생각하는지 말해 보시오.

05 행동은 같아도 의미는 달라요

※ 다음 그림을 보고, 물음에 답하시오.

우리나라에서는 고개를 위아래로 끄덕이면 긍정의 표시예요.

그리스나 불가리아에서는 고개를 위아래로 끄덕이면 부정의 의미로 받아들인다고 해요.

1 고개를 위아래로 끄덕이는 행동이 우리나라와 그리스에서 각각 어떤 의미로 받아들여지는지 쓰시오.

우리나라	그리스

2 같은 행동인데도 서로 다른 의미로 받아들여지는 까닭은 무엇인지 쓰시오.

06 한 시간이 열 시간 같을 때, 열 시간이 한 시간 같을 때

※ 다음 만화를 읽고, 물음에 답하시오.

1 시간은 누구에게나, 언제나 똑같은 것일까요? 다른 것일까요?

2 시간이 빨리 간다고 느낄 때와 늦게 같다고 느낄 때는 언제인지 각각 한 가지씩 쓰시오.

시간이 빨리 간다고 느낄 때	시간이 느리게 간다고 느낄 때

07 생각의 차이가 결과의 차이

※ 다음 글을 읽고, 물음에 답하시오.

어떤 두 사람이 똑같은 농기구로 똑같은 넓이의 밭을 갈았다. 한 사람은 일을 할 때 밭을 보면서 '아, 이제 이만큼밖에 안 남았구나.'라고 생각했고, 다른 한 사람은 '뭐야, 이만큼밖에 못 한 거야?'라고 투덜거리면서 일을 했다. 그 결과 '아 이제 이만큼밖에 안 남았구나.'라고 생각하며 밭을 간 사람이 투덜거리면서 밭을 간 사람보다 훨씬 더 빨리 일을 끝낼 수 있었다.

무슨 일을 할 때 즐거운 마음으로 긍정적인 생각을 갖고 하면 시간이 더 빨리 간다. 무슨 일이든 생각하기 나름이고 마음먹기에 달렸다는 사실을 꼭 기억하자.

1 똑같은 농기구로 똑같은 넓이의 밭을 갈았는데 '아, 이제 이만큼밖에 안 남았구나.'라고 생각한 사람이 밭을 빨리 간 까닭은 무엇일까요?

2 이 글에 나오는 두 사람의 행동을 통해 배운 점은 무엇인지 간단하게 쓰시오.

마음을 읽어요

교과서 논술 01

『듣기·말하기』·『읽기』 _ 1. 마음으로 보아요

내 마음을 읽어 봐.

01 이야기의 내용 간추리기

 듣기   말하기   교과서 12~17쪽 | 학습 목표 : 일이 일어난 까닭을 생각하며 이야기의 내용을 간추릴 수 있다.

방귀쟁이 며느리

🌿 글의 종류 옛이야기
🌿 글의 특징 방귀쟁이 며느리가 방귀를 뀌어 일어난 일들이 사투리로 재미있게 표현되었다.

'우리 며늘아기가 뭔 음식을 잘못 먹었는가, 뭔 병이 들었는가? 얼굴이 누우런 것이 영 거시기허구나.'
시아버지가 걱정이 되어서 한 번 묻고, 두 번 묻고, 자꾸 물으니께 며느리는 할 수 없이 말을 해 주었지.
"아, 그런 것이 아니라……."
"그려, 그런 것이 아니라 뭣이냐?"
"방귀를 못 뀌어서 그라요."
"뭣이라? 다른 것 없이 방귀를 못 뀌어서 그라는구나. 에헴! 방귀를 참으면 쓰간디? 뀌어라, 뀌어."
"그라면 방귀를 뀔라니께, ㉠<u>아버님은 가마솥 저놈을 꽉 붙잡고, 어머님은 저기 문고리 꽉 붙잡고, 서방님도 아무거나 꼭 붙잡고 계시오, 잉!</u>"
그렇게 시켜 놓고 몇 발짝 물러나서 방귀를 뀌는디, 어찌나 세게 뀌어 대는지 문고리 잡은 시어머니 펄럭펄럭 정신 못 차리고, 가마솥 잡은 시아버지 핑그르르 방귀 바람에 어디로 간지도 모르게 날아가 버리고 서방님도 영 정신을 못 차려.
"아이고, 아야! 고만 뀌어라, 고만 뀌어라."
"이제 시작인디……. 뀌는 김에 조금만 더 ……."
뽕, 뽕, 빵.
"고만 뀌어라, 고만 뀌어라!"
그제야 겨우 방귀를 멈추니 펄럭이던 시어머니는 문고리 놓고 탁 떨어져 버리고, 날아갔던 시아버지는 가마솥 짊어지고 닷새만인지, 엿새만인지 비실비실 들어왔더래. 집 안이 풍비박산 났어. 하루빨리 이 며느리를 돌려보내야지 방귀 한 번 더 뀌었다가는 집터만 남게 생겼거든.
가는 길에 미끈한 청실배나무 한 그루가 있는디, 엄청나게 높아. 그 배나무에 잘 익은 배가 주렁주렁 열렸는디 너무 높아서 누가 되었든 딸 수가 있어야지. 저 고개 넘어 온 비단 장수, 놋그릇 장수가 그 비싼 짐을 그득 가지고 지나다 배나무 아래 앉아 쉬게 되었는디, 먹음직스러운 청실배를 두고 발걸음이 떨어지지 않네그려.

"에헤이, 누가 저 청실배 맛보게 해 주면 여기 비단이랑 놋그릇이랑 반 갈라 줘도 안 아깝겠네. 저거 한 입만 베어 먹으면 원이 없겠네, 원이 없었어."

며느리가 들으니 솔깃허거든. 그래서 시아버지 보고 가 물어보라고 했지.

"이보시오. 아까 당신들 여기 배나무보고 보라고 혔소?"

"아, 여기 배나무가 높아서 따 먹을 수가 있간디요. 누가 저놈 하나씩 따 주면 우리 비단이랑 놋그릇이랑 절반씩 딱 갈라 준다 했지요."

"참말로 그럴라요?"

"허허, 이 양반이 속고만 살았나. 참말이요, 참말!"

며느리가 성큼 다가가 말했지.

"내가 그 배를 딸 수 있소. 저리 쪼께 비켜서시오, 잉."

그러고는 배나무에다가 엉덩이를 대고 뿌웅, 뽕, 빵빵뼁. 방귀를 뀌어 대니 후후둑, 배가 쏟아져 내리네.

"자, 여기 배를 따 드렸으니 얼마든지 잡수시고 짐이나 갈라 주시오."

그래서 그 귀한 물건들을 반씩 반씩 갈라 받았네.

"에헤야, 가자. 우리 며늘아가야."

그래, 왔던 길 되돌아 집으로 가서 비단이랑 놋그릇이랑 팔아 가지고 부자로 잘 먹고 잘살았더래.

1 시집간 뒤에 며느리의 얼굴이 누렇게 변한 까닭은 무엇입니까? (   )

① 배가 아파서
② 음식을 못 먹어서
③ 방귀를 못 뀌어서
④ 누런 화장품을 발라서
⑤ 밭일을 오랫동안 해서

2 며느리가 ㉠과 같이 말한 까닭은 무엇입니까? ( )

① 방귀 소리를 못 듣게 하려고
② 방귀 냄새를 못 맡게 하려고
③ 방귀 냄새가 지독하기 때문에
④ 가마솥과 문고리가 떨어질까 봐
⑤ 자신의 방귀 때문에 가족들이 다칠까 봐

3 며느리가 참았던 방귀를 뀐 뒤에 일어난 일을 두 가지 고르시오. ( )

① 서방님이 웃었다.
② 며느리가 날아갔다.
③ 서방님이 정신을 잃었다.
④ 집이 무너져 며느리가 다쳤다.
⑤ 시아버지가 방귀 바람에 핑그르르 날아갔다.

4 가족들이 며느리를 친정으로 보내려고 한 까닭을 쓰시오.

_____

5 이 이야기를 일이 일어난 까닭과 일어난 일로 정리해 보시오.

일이 일어난 까닭	일어난 일
장사꾼들이 배를 따 주면 물건을 반 갈라 주겠다고 했다.	
	집으로 돌아와 물건을 팔아 부자로 잘 살았다.

이야기의 내용 간추리기

1 다음 글을 읽고, 일이 일어난 까닭과 일어난 일이 잘 드러나도록 아래 표에 이야기의 내용을 간추려 쓰시오.

나비

— 헤르만 헤세

나는 8살이나 9살 때 나비 수집을 시작했다. 10살 때는 나비 수집에만 매달려 식사를 거를 정도였다.

어느 날 내가 잡은 오색나비를 윗집에 사는 에밀에게 보여 주었다. 에밀은 마치 전문가라도 되는 것처럼, 나비가 잘못 펼쳐졌다든지, 다리가 2개나 없다고 했다. 그의 말을 듣자 나의 기분은 영 엉망이 되었다. 그래서 그 이후로 내가 잡은 나비를 그 아이에게 보여 주지 않게 되었다.

2년쯤 지나서 에밀이 공작 나방을 잡았다는 것이다. 나는 그 나비가 궁금해서 견딜 수가 없었다. 그래서 에밀의 집으로 올라갔다. 그 나비는 고고한 자태를 하고 전시판 위에 놓여 있었다. 처음에는 나비를 보기만 하고 얼른 나오려고 했는데, 나비를 보는 순간 나비가 갖고 싶은 욕심이 생겨 나비를 오른손에 움켜쥐고 방을 나왔다.

도둑질이라는 것을 처음 해 보았다. 아래쪽에서 누가 오는 발걸음 소리가 났다. 나는 들킬 것이 두려워 엉겁결에 훔친 나비를 윗옷 주머니에 쑤셔 넣었다.

일이 일어난 까닭	일어난 일
나비 수집에 매달렸다.	식사를 걸렀다.
에밀이 '나'의 오색나비가 형편없다고 평가했다.	
	에밀의 집으로 올라갔다.
나비를 오른손에 움켜쥐고 방을 나오는 순간 아래쪽에서 발걸음 소리가 났다.	

02 시에 담긴 마음

읽기 | 교과서 6~7쪽 | 학습 목표 : 시에 담긴 마음을 상상하며 읽을 수 있다.

번데기와 달팽이

● 글의 종류 시
● 글의 특징 '나'의 모습을 번데기와 달팽이에 비유하여 재미있게 표현한 시이다.

아침마다 나는
홑이불을 뚤뚤 말고
번데기가 된다.

엄마가
이불을 힘껏 잡아당기면
웅크린 알몸만 남는다.

"어서 일어나
껍데기 훌훌 벗고
나비가 되어야지."

"나 번데기 아니야.
달팽이란 말이야.
빨리 내 집 돌려줘."

1 '나'가 아침마다 번데기가 되는 까닭은 무엇입니까? ( )

① 코를 골아서
② 이불을 안 덮고 자서
③ 이불을 뚤뚤 말고 있어서
④ 옷을 훌훌 벗고 잠을 자서
⑤ 아침마다 번데기 체조를 해서

2 이 시에 나타나 있는 '나'의 마음은 무엇인지 쓰시오.

만돌이의 마음 상상해 보기

만돌이
윤동주

만돌이가 학교에서 돌아오다가
전봇대 있는 데서
돌짜기 다섯 개를 주웠습니다.

전봇대를 겨누고
돌 첫 개를 뿌렸습니다.
―딱―

두 개째 뿌렸습니다.
―아뿔사―
세 개째 뿌렸습니다.
―딱―
네 개째 뿌렸습니다.
―아뿔사―
다섯 개째 뿌렸습니다.
―딱―

다섯 개에 세 개……
그만하면 되었다.

내일 시험,
다섯 문제에 세 문제만 하면
손꼽아 구구를 하여 봐도
허양 육십 점이다.
볼 거 있나 공 차러 가자.

그 이튿날 만돌이는
꼼짝 못 하고 선생님한테
흰 종이를 바쳤을까요.

그렇잖으면 정말
육십 점을 맞았을까요.

1 만돌이가 전봇대를 겨누고 돌을 뿌린 까닭은 무엇입니까?
(   )

① 심심해서 ② 전봇대가 미워서
③ 돌멩이를 깨뜨리려고 ④ 새들을 쫓아 버리려고
⑤ 시험 점수를 점쳐 보려고

2 이 시의 '나'와 비슷한 경험을 말한 친구는 누구인지 말하시오.

> **본승** : 나는 전봇대가 싫어. 전봇대 앞에 서면 내가 너무 작아 보이거든.
> **나영** : 나도 만돌이처럼 시험 공부하기 싫어서 꾀를 부린 적이 있어.
> **희철** : 나도 공놀이를 하다가 다리를 다친 적이 있어.

03 인물의 성격을 생각하며 읽기

읽기 　교과서 12~20쪽 | 학습 목표: 인물의 성격을 생각하며 읽을 수 있다.

바위나리와 아기별

🍃 **글의 종류** 이야기
🍃 **글의 특징** 바위나리와 아기별의 만남과 헤어짐을 담은 이야기이다.

세상에서 제일가는
어여쁜 꽃은
그 어느 나라의
무슨 꽃일까.

먼 남쪽 바닷가
감장 돌 앞에
오색 꽃 피어 있는
바위나리이지요.

　바위나리는 날마다 노래를 부르면서 친구를 불렀습니다. 그렇지만 바다와 모래벌판과 바람결밖에는 아무것도 없는 이 바닷가에 친구가 될 만한 것은 하나도 없었습니다. 며칠을 기다리고 기다려도 아무도 보이지 않았습니다.
　'아, 이렇게 예쁘고 아름다운 나를 귀여워해 줄 친구가 없구나!'
　친구를 기다리며 바위나리는 훌쩍훌쩍 울기도 하였습니다. 그러다가도 아침에 해가 동쪽에서 불끈 솟아오르면
　'그래, 오늘은 누가 꼭 와 주겠지!'
라고 생각하면서 더 예쁘게 단장을 하고 고운 목소리로 노래를 불렀습니다. 그렇지만 해가 서쪽으로 슬그머니 사라져 가도 찾아오는 친구는 없었습니다.
　'아, 오늘도 아무도 오지 않고 해가 졌구나!'
　바위나리는 눈물이 글썽글썽해져서 이튿날을 기다렸습니다. 이튿날 아침에 해가 동쪽에서 불끈 솟아오르면 또
　'그래, 오늘은 누가 꼭 와 주겠지!'
라고 생각하였습니다. 바위나리는 이렇게 며칠 동안 날마다 노래를 부르면서 친구가 오기를 기다렸지만, 찾아오는 친구는 아무도 없었습니다. 바위나리는 큰 소리로 울었습니다.
　그런데 이상하게도 이 울음소리가 밤이면 남쪽 하늘에 맨 먼저 뜨는 아기별의 귀에 들렸습니다. 아기별은 이 울음소리를 듣고 깜짝 놀랐습니다.

㉠ '누가 이렇게 슬프게 울까? 내가 가서 달래 주어야겠다.'
아기별은 별나라의 임금님에게 다녀오겠다는 말도 하지 않고 울음소리가 나는 곳을 찾아 내려갔습니다.

1 바위나리가 한 말이나, 행동, 생각이 아닌 것은 어느 것입니까? (   )

① 노래를 부르면서 친구를 기다렸다.
② 자신을 예쁘고 아름답다고 생각하였다.
③ '오늘은 누가 꼭 와 주겠지' 라고 생각하였다.
④ 찾아오는 친구가 아무도 없어 훌쩍훌쩍 울기도 하였다.
⑤ 낮에는 해와 이야기를 나누고 밤에는 달과 이야기를 나누었다.

2 바위나리의 성격은 어떠합니까? (   )

① 겸손하다.
② 욕심이 많다.
③ 화를 잘 낸다.
④ 심술을 부린다.
⑤ 외로움을 많이 탄다.

3 ㉠을 통해 알 수 있는 아기별의 성격을 쓰시오.

_____

4 바위나리의 울음소리를 들은 아기별은 어떻게 하였는지 쓰시오.

_____

03 이야기의 내용 간추리기

"왜 울어요?"

바위나리는 깜짝 놀랐습니다. 돌아다보니 아름다운 별님이 아니겠습니까? 바위나리는 어찌나 좋은지 어쩔 줄을 모르고 이리저리 몸을 흔들며 외쳤습니다.

"별님, 별님!"

잠깐 동안만 달래 주고 돌아가려던 아기별은 바위나리를 보자 더 오래 같이 놀고 싶었습니다. 다른 생각은 다 잊어버렸습니다. 아기별과 바위나리는 이야기도 하고, 노래도 부르고, 놀이도 하면서 밤새는 줄 모르고 놀았습니다.

그러다가 어느새 새벽이 되었습니다. 그제야 아기별은 깜짝 놀라 소리쳤습니다.

"큰일 났다. 바위나리야, 나는 얼른 가야 돼. 오늘 밤에 또 올게. 울지 말고 기다려. 응?"

아기별이 돌아가려고 하니까 바위나리가 아기별의 옷깃을 꼭 붙들고 울면서 놓지 않았습니다.

"나는 얼른 가야만 돼! 더 늦으면 하늘 문이 닫혀서 들어갈 수가 없어. 오늘 밤에 다시 내려올게."

아기별은 이렇게 말하고 스르르 하늘 위로 올라갔습니다. 바위나리는 하는 수 없이 밤이 되기만을 기다렸습니다. 아무에게도 들키지 않고 돌아간 아기별도 어서어서 밤이 되기를 기다렸습니다.

밤이 되자, 아기별은 임금님에게는 물론 아무에게도 말하지 않고 슬그머니 바닷가로 내려왔습니다. 바위나리와 아기별은 이렇게 밤마다 즐겁게 놀고는 하였습니다.

5 바위나리와 아기별이 만나서 한 일을 세 가지 쓰시오.

6 아기별이 밤이 되기만을 기다린 까닭은 무엇입니까? ( )

① 잠을 자려고
② 꿈을 꾸려고
③ 달을 보려고
④ 바위나리와 놀려고
⑤ 바위나리를 떠나려고

03 이야기의 내용 간추리기

"용서해 주십시오. 다시는 밖에 나가지 않겠습니다."
 아기별은 이렇게 말하고 임금님 앞을 물러나왔으나, 병들어 혼자 괴로워하고 있을 바위나리를 생각하면 가슴이 미어지는 것 같았습니다.
 그날 밤, 바위나리는 늦도록 아기별을 기다렸습니다. 그러나 끝내 아기별은 내려오지 않았습니다.
 이튿날에도, 그 이튿날에도 아기별은 보이지 않았습니다. 바위나리의 병은 점점 깊어 갔습니다. 꽃은 시들고 몸은 말라 갔습니다. 간신히 감장 돌에 몸을 의지하고 있던 바위나리는 별안간 불어온 모진 바람에 그만 바다로 '획' 날려 가고 말았습니다.
 아기별은 날마다 바위나리 생각만 하며 울었습니다. 어떻게든지 한번 바닷가에 가 보고 싶은 마음이 간절하였습니다. 소리를 질러 울고 싶었으나, 임금님과 다른 별들이 들을까 봐 울 수도 없었습니다. 다만, 솟아 나오는 눈물만은 어찌할 수 없어 눈에는 눈물이 그칠 새가 없었습니다. 그렇지만 혼자서 눈물을 흘리는 것조차 임금님의 눈에 거슬리고 말았습니다.
 ㉠"너는 요새 밤마다 울기 때문에 빛이 없다. 빛이 없는 별은 쓸 데가 없으니 당장 나가거라!"
 임금님은 소리를 버럭 질렀습니다. 그러고는 아기별을 하늘 문 밖으로 내쫓았습니다.
 하늘에서 쫓겨난 아기별은 정신을 잃고 바다로 떨어졌습니다. 그런데 참 이상한 일이 일어났습니다. 아기별이 떨어진 곳은 오색 꽃 바위나리가 바람에 날려 들어간 바로 그 바다였습니다.

7 이 글에서 바위나리는 어떻게 되었는지 ☐에 들어갈 알맞은 말을 쓰시오.

> 병이 점점 깊어짐.
> ↓
> 꽃이 시들고 몸이 말라 감.
> ↓
> 별안간 불어온 바람에 ☐☐☐☐☐☐☐☐.

(   )

8 밑줄 그은 ㉠에서 알 수 있는 임금님의 성격은 어떠합니까? (   )

① 불쌍하다.
② 소심하다.
③ 자상하다.
④ 매우 무섭다.
⑤ 외로움을 많이 탄다.

9 아기별이 별나라에서 쫓겨난 까닭은 무엇입니까? (   )

① 병이 들어서
② 다른 별과 다투어서
③ 바위나리를 보러 가서
④ 밤마다 울어 빛을 잃어서
⑤ 다른 별들이 아기별을 싫어하여서

10 만약 임금임이 자상한 성격이었다면 이야기가 어떻게 달라질지 상상하여 쓰시오.

_____

독서 클리닉

아낌없이 주는 마음

《아낌없이 주는 나무》 - 자기 입장에서 읽기

무슨 소원이든지 다 들어 주는 요술 램프가 있다면 어떤 소원을 말하고 싶은가요?

아낌없이 주는 마음

01 나무와 소년

※《아낌없이 주는 나무》를 읽고, 물음에 답하시오.

   옛날에 나무가 한 그루 있었습니다. 그리고 그 나무에게는 사랑하는 소년이 하나 있었습니다. 날마다 소년은 나무에게로 와서 떨어지는 나뭇잎을 한 잎 두 잎 주워 모았습니다. 그러고는 나뭇잎으로 왕관을 만들어 쓰고 숲 속의 왕 노릇을 했습니다.
   소년은 나무 줄기를 타고 올라가서는 나뭇가지에 매달려 그네도 뛰고 사과도 따 먹곤 했습니다. 나무와 소년은 때로는 숨바꼭질도 했습니다. 그러다가 피곤해지면 소년은 나무 그늘에서 단잠을 자기도 했지요. 소년은 나무를 무척 사랑했고…….
   나무는 행복했습니다.

1 주인공 소년과 나무는 무척 다정해 보입니다. 여러분이 소년이라면 나무와 함께 한 일 중 어떤 것이 가장 즐거울 것 같은가요? 이유와 함께 쓰시오.

_____
_____

2 여러분이 나무라면 사랑하는 소년과 함께 하는 시간이 행복하겠지요? 나무의 마음이 되어 소년에게 마음을 표현해 보시오.

_____
_____

3 여러분에게도 나무와 소년 사이 같은 다정한 친구가 있나요? 그 친구의 이야기를 해 보시오.

① 그 친구의 이름은 무엇인가요?
_____

② 무엇을 하고 놀 때 가장 즐거운가요?
_____

③ (　　　)에게 하고 싶은 말을 써 보시오.
_____
_____

02 주기만 하는 나무, 받기만 하는 소년

※ 《아낌없이 주는 나무》 그림을 보고, 물음에 답하시오.

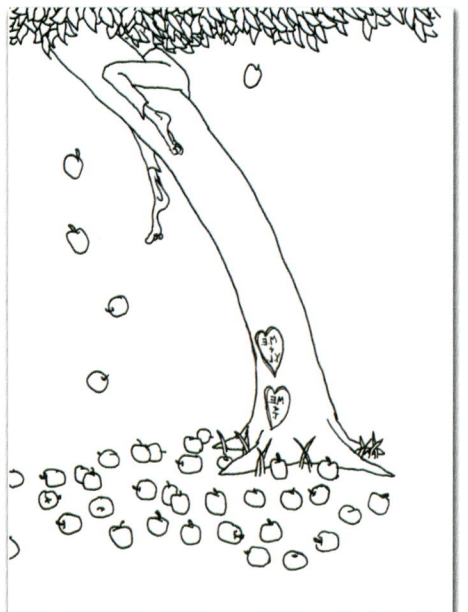

1 그림을 이야기로 만들어 보시오.

2 모든 것을 다 빼앗아 떠나버리는 소년을 보며 나무의 마음이 어땠을지 쓰시오.

03 다시 돌아온 소년과 행복해진 나무

※ 《아낌없이 주는 나무》를 읽고, 물음에 답하시오.

오랜 세월이 지난 뒤에 소년이 다시 돌아왔습니다.
"얘야, 미안하다. 이제는 너에게 줄 것이 아무것도 없구나, 사과도 없고."
"난 이가 나빠서 사과를 먹을 수가 없어."
소년이 말했습니다.
"내게는 이제 가지도 없으니 네가 그네를 뛸 수도 없고."
"나뭇가지에 매달려 그네를 뛰기에는 난 이제 너무 늙었어."
소년이 말했습니다.
"내게는 줄기마저 없으니 네가 타고 오를 수도 없고."
"타고 오를 기운도 없어."
소년이 말했습니다.
"미안해."
나무는 한숨을 지었습니다.
"무언가 너에게 주고 싶은데……. 내겐 남은 것이 아무것도 없단다. 나는 그저 늙어 버린 나무 밑동일 뿐이야. 미안해……."
"이젠 나도 필요한 게 별로 없어. 그저 편안히 앉아서 쉴 곳이나 있었으면 좋겠어. 난 몹시 피곤하거든."
소년이 말했습니다.

"아, 그래."
나무는 안간힘을 다해 몸뚱이를 펴면서 말했습니다.
"자, 앉아서 쉬기에는 늙은 나무 밑동이 그만이야. 얘야, 이리로 와서 앉으렴. 앉아서 쉬도록 해."
소년은 그렇게 했습니다.
그래서 나무는 행복했습니다.

고맙다고 말해.

1 소년은 나무로부터 원하는 것을 모두 받아갔지만 한 번도 고마워하지 않았습니다. 여러분은 지금껏 살아오면서 고맙다는 표현을 해야 하는데 그렇게 하지 못했던 경우가 있나요? 그때의 일을 써 보시오.

① 어떤 일이었나요?

_____

② 왜 고맙다는 말을 하지 못했나요?

_____

③ 고맙다는 표현을 못했을 때 마음이 어땠나요?

_____

④ 지금 그 사람에게 고마운 마음을 표현하시오.

_____

_____

2 내가 고마움을 느낀 사람을 떠올려 보고, 왜 고마운지 까닭과 함께 쓰시오.

_____

_____

3 세상엔 감사를 모르고 마음 속에 불평이 가득한 사람, 좋은 일이 있을 때만 감사하고 일이 안될 때는 불평하는 사람, 항상 감사하며 사는 사람이 있습니다. 여러분은 스스로가 어떤 사람이라고 생각하나요? 친구들과 이야기하시오.

어린이 산타

※ 다음 글을 읽고, 물음에 답하시오.

지난 6년 동안 미국에서 불우 어린이 2만 8000명에게 편지와 함께 봉제 인형을 보낸 열세 살짜리 '산타 어린이'가 있어 잔잔한 감동을 주고 있다. 주인공은 올해 13세인 매켄지 스나이더.

매켄지 양은 7세 때 한 글짓기 대회에서 입상해 세계 어린이 총회에 참석하면서 많은 고아 어린이들이 입양을 기다리며 임시 보호소에서 힘들게 생활하고 있다는 것을 알게 됐다.

매켄지 양은 어린이들을 도울 방법을 찾다가 어린이들이 힘들 때 꼭 껴안으며 위안을 받을 수 있도록 봉제 인형을 선물하기로 결심했다.

인형을 보낼 때는 따뜻한 위로의 편지도 잊지 않았다. 선물할 인형이 모자라면 동네 창고 세일을 찾아 싼 값에 인형을 구하는 매켄지 양의 선행이 알려지자 한 재단에서 1만 5000달러를 기부하는 등 모두 5만 달러(약 6000만 원)의 기부금이 모였고 전국에서 인형을 기증하는 사람들도 많아졌다. 이 같은 도움으로 매켄지 양은 지금까지 모두 2만 8000명의 어린이에게 선물을 보냈고, 앞으로 53만 명에 이르는 어린이들에게 선물을 보낼 계획이다.

매켄지 양은 미국 CNN과의 인터뷰에서 "가족이 없는 어린이들에게 용기를 주기 위해 이 일을 계속할 거예요."라고 말했다.

- 「어린이 동아」

1 매켄지의 행동에 대해 어떻게 생각하는지 자신의 생각을 쓰시오.

아낌없이 주는 나무를 읽고

※ 다음 글을 읽고, 물음에 답하시오.

《아낌없이 주는 나무》를 읽었다. 나무는 소년에게 자기가 가진 모든 것을 주었지만, 결국 소년은 나무를 떠나 버렸다. 그러나 나무는 소년을 미워하지도 않고 원망하지도 않았다. 소년이 배를 만들기 위해 나무를 잘라 버렸을 때는 너무 가슴이 아파서 나도 모르게 눈물이 흘렀다. 오랜 세월이 지난 뒤에 소년은 늙고 힘없는 노인이 되어 나무를 다시 찾아왔다. 나무는 마지막 남은 밑동마저 소년에게 내주었고, 소년은 늙은 나무 밑동에 앉아서 편히 쉴 수 있었다.

나는 《아낌없이 주는 나무》가 좋다. 자기가 가진 모든 것을 소년에게 주고도 행복해 하는 나무에 대한 이야기를 읽으며 나도 행복했다. 왜냐하면 아낌없이 주는 나무와 같은 존재가 내 옆에도 항상 든든하게 서 있기 때문이다. 바로 우리 엄마 아빠이다. 그러나 나는 소년처럼 나무의 마음을 모르고 그냥 받기만 하지는 않을 것이다. 우리 엄마 아빠 나무가 목마르지 않게 시원한 물을 듬뿍 줄 것이다. 엄마 아빠 나무를 기쁘게 하기 위해서 내가 할 일을 열심히 하고, 동생도 잘 돌보아 주는 착한 딸이 될 것이다.

"엄마 아빠 나무, 사랑해요!"

1 친구가 쓴 독후감은 어떤가요? 잘 썼다고 생각하면 어떤 부분이 잘 썼는지, 못 썼다고 생각한다면 어떤 부분이 부족하다고 생각하는지 쓰시오.

_____

_____

2 부모님께 감사의 마음을 전하는 편지를 쓰시오.

01 안내하는 말을 듣는 방법

듣기 말하기 | 교과서 31~32쪽 | 학습 목표: **중요한 내용을 정리할 수 있다.**

안내하는 말

 학생 여러분, 우리 학교에서는 전 학년 학생들을 대상으로 학예 발표회를 개최합니다. 11월 30일 10시부터 학부모님들을 모시고 대강당과 대강당 주변 야외에서 발표회를 가질 예정입니다. 대강당에서는 지난 3월부터 지금까지 우리가 공부하였던 음악, 무용, 연극 등의 예능 솜씨를 발표할 것입니다. 그리고 대강당 주변의 야외에서는 그리기, 서예, 사진, 시, 공작품 등의 작품 전시회를 가질 것입니다. 우리 모두 남은 기간 동안 열심히 준비하여 멋진 학예 발표회가 될 수 있도록 합시다. 그리고 부모님들에게 미리미리 알려서 학예 발표회에 많이 참석하실 수 있도록 합시다.

❷ 학생 여러분, 10월 9일 한글날을 맞이하여 우리 학교에서는 우리말을 아끼고 사랑하는 마음을 가지도록 하기 위하여 우리말 겨루기를 실시합니다. 이번 우리말 겨루기는 학교 체육관에서 열릴 예정입니다. 우리말 겨루기에 참여할 수 있는 학생은 3학년에서 6학년까지 우리말에 관심을 가지고 있는 모든 학생입니다. 우리말 겨루기 방법은 텔레비전 방송에 나오는 '황금 종을 울려라'와 같은 방식입니다. 이 대회에 참석하고 싶은 학생들은 10월 6일까지 담임 선생님께 신청하여 주십시오. 그리고 열심히 우리말을 공부하여 우리말 겨루기에서 모두 황금 종을 울려보도록 합시다.

1 글 ❶에서 선생님이 안내하시는 내용은 무엇입니까? ( )

① 무용 수업
② 체육 대회
③ 가을 소풍
④ 학예 발표회
⑤ 현장 체험 학습

2 다음은 글 **2**를 표로 정리한 것입니다. 표의 ㉠~㉣에 들어갈 내용을 보기 에서 골라 쓰시오.

보기
어디에서, 언제, 무엇을, 누가

	중요한 내용
㉠	10월 9일
㉡	학교 체육관
㉢	3~6학년 학생
㉣	우리말 겨루기

1 남자 아이에게 충고해 주고 싶은 말을 쓰시오.

02 모양이 바뀌는 낱말

> 읽기   교과서 31~33쪽 | 학습 목표 : 모양이 바뀌는 낱말을 국어사전에서 찾는 방법을 알 수 있다.

들꽃을 지키는 방법

● 글의 종류 주장하는 글
● 중심 생각 들꽃을 꺾으면 안 된다.

들꽃은 ㉠꺾으면 안 됩니다. 함부로 ㉡꺾기 때문에 수백 종류의 풀과 들꽃이 이미 멸종하였거나 멸종할 위험에 놓여 있습니다. 도서관에 가면 '멸종 위기에 있는 식물'의 목록을 구할 수 있습니다. 그런 식물은 절대로 ㉢꺾지 마세요.

들꽃을 지키는 가장 좋은 방법은 들꽃을 있는 곳에 그대로 두고 즐기는 것입니다. 그 꽃을 집으로 가져오고 싶으면 그림으로 그리거나 사진을 찍으세요. 그러면 아름다운 들꽃을 오래 볼 수 있습니다.

그래도 들꽃을 ㉣꺾고 싶으면 민들레처럼 흔한 꽃을 고르세요. 꽃을 ㉤꺾을 때에는 뿌리째 뽑지 말고 가위로 자르세요.

1 글쓴이의 의견은 무엇입니까? ( )

① 들꽃을 심자.
② 들꽃을 꺾지 말자.
③ 들꽃을 사지 말자.
④ 들꽃을 팔지 말자.
⑤ 들꽃을 먹지 말자.

2 ㉠~㉤에서 변하지 않는 부분을 쓰시오.

---

3 ㉠~㉤을 국어사전에서 찾으려면 기본형을 찾아야 합니다. ㉠~㉤의 기본형을 쓰시오.

국어사전을 찾는 습관을 가져요

※ 다음 글을 읽고, 물음에 답하시오.

선생님 : 국어사전은 우리가 쓰고 있는 국어를 일정한 순서로 엮어 놓은 책이야. 국어사전에는 내가 찾으려는 그 낱말의 뜻과 낱말이 쓰이는 예, 발음, 품사, 다른 말과의 관계 따위를 밝히고 풀이해 놓았지.

가원 : 그런데 그렇게 많은 낱말 중에서 내가 찾고 싶은 낱말을 어떻게 찾나요?

선생님 : 국어사전에는 낱말을 이루고 있는 각 글자가 짜인 순서대로 실려 있어서 누구나 쉽게 찾아볼 수 있단다. '국보'를 국어사전에서 찾으려면 먼저 첫 번째 글자인 '국'을 찾고, 그 다음에 두 번째 글자인 '보'를 붙여 글자가 짜인 순서대로 찾아야 한단다.

둥빈 : 그런데요 선생님, '먹는데'라는 낱말을 국어사전에서 찾았더니 국어사전에 나오지 않았어요. 왜 그런 거예요?

선생님 : 우리말에는 '먹는데'처럼 쓰임에 따라 모양이 변하는 말이 있단다. '먹는데, 먹고, 먹으면, 먹겠다. 먹어라, 먹었니' 같은 말은 쓰임에 따라 말의 끝 모양이 변했을 뿐 모두 '먹다'라는 말에서 나왔고 뜻이 같단다. 그러므로 이런 말은 기본형인 '먹다'만 사전에 싣는 거지. 만약 모양이 바뀌는 낱말을 사전에 다 싣는다면 국어사전의 두께는 지금의 10배도 넘을 거야.

두나 : 아 그렇군요. 선생님, 저는 어제 국어사전에서 '침'이라는 낱말을 찾아보았어요. 그랬더니 뜻이 세 가지나 있더라고요. 참 신기했어요.

선생님 : 그래 우리나라 말 중에는 소리는 같지만 뜻이 다른 낱말이 꽤 많지. 그래서 국어사전을 찾아보는 습관을 가지면 국어를 더 정확하게 쓸 수 있단다.

1 국어사전에는 어떤 것들이 실려 있는지 모두 쓰시오.

---

2 국어사전을 찾아보는 습관을 가지면 좋은 점 한 가지를 쓰시오.

03 낱말의 뜻을 찾아라

읽기 | 교과서 37~39쪽 | 학습 목표: **낱말의 뜻을 찾아 가며 글의 내용을 파악할 수 있다.**

콩이 된장으로 변했어요

할머니께서 메주를 방에 매달아 ㉠<u>놓으셨다.</u> 방에서 이상한 냄새가 났다.
"할머니, 냄새가 너무 심해요!"
"그래, 그래도 된장찌개는 잘 먹지?"
할머니께서는 메주가 익으면 된장을 ㉡<u>담그신다.</u>

나는 할머니께서 끓여 주시는 된장찌개를 좋아한다. 된장찌개만 있으면 밥을 두세 그릇도 뚝딱 해치운다. 그럴 때면 메주에서 냄새가 난다고 투덜거린 것이 죄송스럽다. 이렇게 맛있는 된장은 어떻게 만드는 것일까?

나는 메주로 된장을 만드는 과정을 자세히 알아보았다.

먼저 메주콩을 열두 시간 동안 물에 ㉢<u>불린</u> 뒤에 푹 ㉣<u>삶습니다.</u> 삶은 콩은 절구에 ㉤<u>찧어</u> 반죽처럼 만듭니다. 찧은 콩 반죽을 네모난 모양으로 ㉥<u>빚어</u> 메주를 만듭니다.

잘 만든 메주를 따뜻한 방에서 꾸덕꾸덕 할 때까지 말립니다. 메주를 따뜻한 곳에 두면, 우리 몸에 이로운 성분이 생깁니다. 2~3일간 메주를 잘 말려 볏짚으로 묶어 ㉦<u>띄울</u> 준비를 합니다.

메주를 볏짚으로 묶어 바람이 잘 통하는 곳에 매달아 놓습니다. 볏짚과 공기 중에는 메주를 분해하는 여러 가지 미생물이 살고 있습니다.

메주를 서너 달 동안 매달아 놓으면 된장의 고유한 맛과 향기를 내는 미생물이 번식합니다. 이 성분을 사람이 먹으면 몸이 튼튼하고 건강하게 됩니다.

이렇게 잘 띄운 메주를 깨끗이 씻어서 적당히 햇볕에 말립니다. 그런 뒤에 항아리에 메주와 소금물을 넣습니다. 이때 붉은 고추와 숯을 함께 넣어 줍니다. 붉은 고추와 숯은 잡균을 없애고 냄새를 제거하여 주는 역할을 합니다. 20~30일이 지나면 항아리에서 메주를 건져 냅니다.

걸러 낸 건더기를 삭혀 된장을 만듭니다. 메주 건더기에 소금을 잘 뿌려서 항아리에 담습니다. 그리고 빗물이 들어가지 않게 주의하면서 햇볕을 쬐어 주면 메주가 삭아 된장이 됩니다.

1 이 글에서 설명하고 있는 내용은 무엇입니까? ( )

① 메주의 기원
② 메주를 고르는 방법
③ 된장을 고르는 방법
④ 된장을 만드는 과정
⑤ 고추장을 만드는 과정

2 ㉠, ㉡의 기본형을 쓰시오.

(1) ㉠ → (   )

(2) ㉡ → (   )

3 ㉢~㉧의 뜻이 바르게 짝지어지지 않은 것은 어느 것입니까? ( )

① ㉣ 삶다 : 물에 넣고 끓이다.
② ㉢ 불리다: 물에 젖어서 부피가 커지다.
③ ㉥ 빚다 : 가루를 반죽하여 만두, 송편, 경단 따위를 만들다.
④ ㉧ 띄우다 : 편지나 소포 따위를 부치거나 전하여 줄 사람을 보내다.
⑤ ㉤ 찧다 : 곡식 따위를 쓿거나 빻으려고 절구에 담고 공이로 내리치다.

4 다음 낱말의 뜻을 줄로 연결하시오.

(1) 볏짚 • ㉠ 눈으로는 볼 수 없는 아주 작은 생물.

(2) 분해 • ㉡ 화합물을 둘 이상의 간단한 구성 물질로 나눔.

(3) 미생물 • ㉢ 벼의 낟알을 떨어낸 줄기.

5 다음 ㉠~㉤을 된장을 만드는 순서대로 기호를 쓰시오.

┌───┐
│ ㉠ 메주 만들기   ㉡ 메주 띄우기   ㉢ 메주 말리기 │
│ ㉣ 메주와 소금물을 항아리에 넣기   ㉤ 메주 건더기에 소금을 뿌려서 된장 만들기 │
└───┘

(   ) → (   ) → (   ) → (   ) → (   )

우리말과 영어는 뭐가 다를까?

※ 다음 글을 읽고, 물음에 답하시오.

보통 언어는 '주어 - 서술어 - 목적어'나 '주어 - 목적어 - 서술어' 순서 중에서 하나를 사용하는데, 영어는 '주어 - 서술어 - 목적어' 어순을, 그리고 한국어는 '주어 - 목적어 - 서술어' 어순을 씁니다.

예를 들면 우리나라말로는 '나는 너를 사랑한다.'라고 하는데, 영어로는 'I love you.'라고 합니다. 해석하면 '나는 사랑한다 너를'이 되죠.

목적어가 없는 문장 같은 경우에도 영어는 'I live in Seoul. (나는 산다 서울에)' 식으로 표현하는데 우리나라말은 '나는 서울에 산다.' 처럼 동사가 가장 마지막에 나옵니다. 영어는 주어 다음에 바로 서술어가 나오기 때문에 좋다는 말인지 싫다는 말인지, 무엇을 했다는 말인지 금방 알 수 있지만 한국말은 주어 다음에 목적어가 나오고 끝에 서술어가 나오기 때문에 끝까지 들어야만 의미를 알 수 있습니다. 그래서 '한국말은 끝까지 들어 보아야 안다.'는 재미있는 말도 나온 것입니다.

국어의 이와 같은 특성 때문에 국어의 문장은 주어와 서술어 사이에 많은 수식어가 들어가기 쉽습니다. 많은 수식어가 들어가서 문장이 지나치게 길어지면 주어와 서술어가 맞지 않는 경우가 종종 생기게 됩니다. 따라서 국어 문장을 쓸 때에는 되도록 짧은 문장으로 표현하고, 문장 중간에 이어 주는 말을 적절하게 사용해서 표현하는 것이 좋습니다.

1 우리말의 언어 순서와 영어의 언어 순서를 쓰시오.

(1) 우리말 : 주어 → (　　　　) → (　　　　)

(2) 영어 : 주어 → (　　　　) → (　　　　)

2 '한국말은 끝까지 들어 보아야 안다.'라는 말이 왜 생긴 것인지 정리해 보시오.

_____

_____

점점 빨라지고 좁아지는 세상

『사회』_ 2. 이동과 의사소통

자동차와 자전거의 장단점에 대해서 이야기해 보시오.

이동과 의사소통 수단의 발달

사회 | 교과서 48~55쪽 | 학습 목표 : 이동과 의사소통 수단의 발달 과정을 알 수 있다.

이동 수단의 발달 과정

수상 이동 수단

▲ 뗏목　　▲ 돛단배　　▲ 증기선　　▲ 쾌속선

항공 이동 수단

▲ 열기구　　▲ 플라이어 호　　▲ 비행기　　▲ 제트 여객기　　▲ 우주 왕복선

철도 이동 수단

▲ 증기 기관차　　▲ 디젤 기관차　　▲ 전기 기관차　　▲ 자기 부상 열차

1. 다음 중 이동 수단과 의사소통 수단의 발달 과정을 알아보는 방법이 <u>아닌</u> 것은 어느 것입니까? ( )

① 박물관을 견학한다.
② 인터넷에서 자료를 검색한다.
③ 부모님이나 어른들께 여쭈어 본다.
④ 백과사전이나 관련된 책을 찾아본다.
⑤ 이동 수단과 의사소통 수단을 직접 이용한다.

2. 다음 보기 를 보고 수상 이동 수단의 발달 순서대로 기호를 쓰시오.

> 보기
> ㉠ 증기선   ㉡ 뗏목   ㉢ 쾌속선   ㉣ 돛단배

( ) → ( ) → ( ) → ( )

3. 항공 이동 수단이 생긴 뒤에 우리의 삶이 어떻게 달라졌는지 한 가지만 쓰시오.

_____

4. 이동 수단의 발달이 우리 생활에 미친 영향을 두 가지 쓰시오.

- _____
- _____

※ 다음 사진을 보고, 물음에 답하시오.

5 다음 표를 보고, ㉠에 들어갈 알맞은 것을 두 가지 쓰시오.

구분	옛날	오늘날
의사소통 수단	㉠	전화, 휴대 전화, 전자 우편

6 다음 글을 보고, ㉠과 ㉡에 들어갈 알맞은 말을 쓰시오.

> 보기
>
> 옛날 사람들은 소식을 전할 때 사람이 직접 가거나 연기 또는 불로 신호를 보냈다. 하지만 이런 방법은 (㉠)이 많이 걸리고, 정확성도 떨어졌다. 오늘날에는 (㉡)등의 통신 수단을 이용하여 언제 어디서든 원하는 사람과 손쉽게 소식을 주고받을 수 있게 되었다.

(1) ㉠ : (   )

(2) ㉡ : (   )

7 오늘날 의사소통 수단이 발달하면서 좋아진 점이 <u>아닌</u> 것은 어느 것입니까?
(   )

① 많은 정보를 얻을 수 있다.
② 재택근무가 가능하게 되었다.
③ 전국이 일일생활권이 되었다.
④ 편리하게 정보를 얻을 수 있다.
⑤ 전화로 극장이나 숙박업소를 예약할 수 있다.

※ 다음 표를 보고, 물음에 답하시오.

오늘날의 이동 수단과 의사소통 수단

이동 수단	의사소통 수단
• 무빙워크, 에스컬레이터, 엘리베이터 등이 있어 걷는 게 편리해짐. • 자전거, 오토바이, 승용차, 열차, 배 등 수많은 이동 수단이 생겨 목적지까지 빠르게 이동할 수 있음. • 땅 위, 물 위뿐만 아니라, 땅속, 물속, 하늘까지 거의 모든 곳에서 이동할 수 있음.	• 전화를 이용해서 편리하게 의사소통함. • 휴대 전화를 이용해서 이동하면서 통화를 할 수 있음. • 화상 전화를 이용해서 상대방의 얼굴을 보며 통화할 수 있음. • 전자 우편(e-mail)으로 많은 내용을 한꺼번에 전달할 수 있음. • 인터넷을 통해 필요한 정보를 쉽고 편리하게 구할 수 있음.

8 오늘날 우리가 이용하는 이동 수단의 좋은 점 두 가지를 쓰시오.

-
-

9 다음 공익 광고는 오늘날 의사소통 수단의 어떤 문제점을 나타낸 것인지 쓰시오.

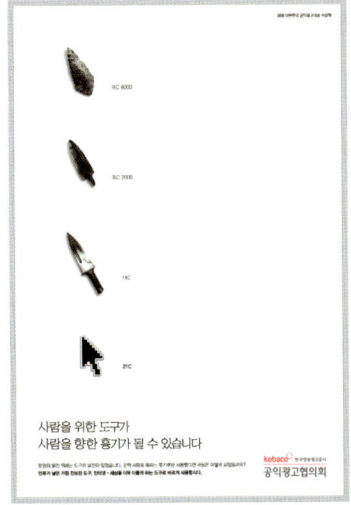

01 전국 2시간대의 생활 혁명

※ 다음 글을 읽고, 물음에 답하시오.

전국 2시간대의 생활 혁명 시대가 열렸다. 아침에 서울 본사에 들렀다가 부산 지점에서 업무를 본 다음 오후에 서울로 돌아올 수 있는 세상이 된 것이다.

경부 고속철도는 1990년 사업 계획이 확정되고, 1992년 천안~대구 구간의 첫 공사가 시작된 지 12년 만인 2004년부터 본격적인 운행을 시작했다. 고속 철도의 운행으로 서울 – 부산 간 운행 시간이 1시간 40분이나 단축되어 현재 고속 철도를 타면 2시간 40분 만에 서울에서 부산을 갈 수 있게 되었다. 특히 천안·아산의 경우 서울까지 출퇴근이 가능해져 새로운 수도권으로 많은 발전을 이루고 있다. 앞으로는 서울과 지방의 장벽이 무너지고 전 국민이 경제·사회·문화생활 등을 공유할 수 있게 될 것이다. 고속 철도 개통은 주 5일 근무제의 도입과 맞물려 문화·관광·여가 활동 분야의 발전에 많은 기여를 할 것으로 예상된다. 또 정차역 주변 도시에 기업이 들어서고 공장이 지어지면서 일자리도 많이 생길 것으로 보인다.

고속 철도 개통은 '끝이 아닌 시작'을 의미한다. 고속 철도 개통은 앞으로 남북 철도 연결 및 중국 횡단 철도, 시베리아 횡단 철도 등 더 넓은 곳으로 뻗어 나가는 첫 출발이기 때문이다.

1 고속 철도의 개통으로 달라진 점을 한 가지 쓰시오.

_____

2 교통수단이 점점 빨라지면서 생기는 문제점에는 어떤 것이 있는지 한 가지 쓰시오.

_____

02 물 위를 달리고 하늘을 나는 자동차

※ 다음 사진을 보고, 물음에 답하시오.

▲ 물위를 달리는 자동차 '아쿠아다'

▲ 하늘을 나는 자동차 '스카이카'

1 아쿠아다와 스카이카의 좋은 점을 한 가지씩 쓰시오.

• 아쿠아다 : _____

• 스카이카 : _____

2 아쿠아다와 스카이카가 판매되면 생기게 될 문제점을 한 가지씩 쓰시오.

• 아쿠아다 : _____

• 스카이카 : _____

03 천상의 계단

※ 다음 글을 읽고, 물음에 답하시오.

지상 400km 상공에서는 현재 국제 우주 정류장이 한창 건설 중이다.

미국, 러시아, 일본, 유럽, 브라질 등 16개국이 공동으로 건설하는 이 우주 정류장은 달의 개발과 화성 유인 탐사의 전진 기지가 될 것이다.

현재 건설 재료를 실어 나르는 임무는 주로 우주 왕복선이 맡고 있다. 하지만 앞으로 화물이 점점 늘어나고, 오가는 사람들도 늘어나면 우주 왕복선만으로는 부족하게 될 것이다. 그래서 미국 항공 우주국(NASA)은 앞으로 지상에서 우주까지 이어주는 '궤도 엘리베이터'를 설치할 계획을 구상하고 있다.

지상에서 우주까지 케이블을 연결해서 궤도 엘리베이터를 설치한 뒤 우주에서 필요한 재료와 사람들을 실어 나르려는 계획인 것이다.

이런 엘리베이터를 설치하는 데는 비용이 많이 들고 기술적으로 해결하여야 할 문제가 많아 지금 당장 설치하는 데는 많은 어려움이 있지만, 적어도 30~50년 뒤면 이 엘리베이터가 등장할 것으로 예상되고 있다.

그때가 되면 누구라도 엘리베이터를 타고 우주로 올라가서 우주를 마음껏 바라보며 즐길 수 있다. 또 많은 젊은이들이 우주로 신혼여행을 가고 할아버지, 할머니들도 효도 관광을 우주로 가게 될 것이다.

1 미국 항공 우주국이 '궤도 엘리베이터'의 설치 계획을 세운 까닭은 무엇인지 쓰시오.

2 '궤도 엘리베이터'가 생기면 좋은 점과 나쁜 점을 한 가지씩 쓰시오.

좋은 점	나쁜 점

01 원인과 결과를 찾아라

듣기 | 말하기 | 교과서 38~39쪽 | 학습 목표 : 원인과 결과가 드러나게 말하는 방법을 알 수 있다.

이상한 샘물

옛날 옛적, 어느 산골에 착한 할아버지와 할머니가 자식도 없이 외롭게 살고 있었습니다. 어느 날, 할아버지가 나무를 하러 깊은 산속에 들어갔다가 샘을 발견하였습니다. 목이 마른 할아버지는 샘물을 꿀꺽꿀꺽 마셨습니다.

"어, 시원하구나."

그런데 이게 웬일입니까? 주름투성이 할아버지의 얼굴이 젊은이의 얼굴로 변하여 있지 않겠어요? 젊은이로 변한 할아버지가 집으로 돌아오자 할머니가 깜짝 놀라 물었습니다.

"아니, 젊은이는 누구요?"

"하하하, 나요 나!"

이튿날, 할아버지는 할머니를 그 샘으로 데려갔습니다. 샘물을 마신 할머니도 젊어졌습니다.

같은 동네에 살던 욕심쟁이 할아버지도 이 이야기를 듣고 샘물을 마시러 산속으로 갔습니다. ㉠<u>욕심쟁이 할아버지는 젊어지고 싶은 마음에 샘물을 마시고 또 마셨습니다.</u> ㉡ 너무 많이 마신 걸까요? 욕심쟁이 할아버지는 그만 아기가 되고 말았습니다. 욕심쟁이 할아버지가 돌아오지 않자 착한 할아버지 부부는 산속으로 욕심쟁이 할아버지를 찾으러 갔습니다.

샘가에는 웬 아기가 앙앙 울고 있었습니다.

"어머, 웬 아기일까요?"

자식이 없어 늘 외롭던 착한 할아버지 부부는 아기를 데려다 잘 길렀습니다.

1 다음은 착한 할아버지에게 일어난 일의 원인과 결과를 정리한 것입니다. 빈칸에 들어갈 내용으로 알맞은 것은 무엇입니까? ( )

| 원인 ㉠ ? | 결과 젊은이가 되었습니다. |

① 낮잠을 잤다.
② 잠을 너무 많이 잤다.
③ 늙어지는 샘물을 마셨다.
④ 젊어지는 샘물을 마셨다.
⑤ 예뻐지는 샘물을 마셨다.

2 ㉠의 결과를 쓰시오.

_____

3 ㉡에 들어갈 알맞은 말은 무엇입니까? ( )
① 그래서　　② 그리고　　③ 그러므로
④ 그런데　　⑤ 왜냐하면

4 욕심쟁이 할아버지가 겪은 일을 원인과 결과가 드러나게 간추려 쓰시오.

02 이야기의 흐름에 따라 간추리기

읽기 | 교과서 44쪽 | 학습 목표: 일이 일어나는 차례에 따라 이야기를 간추릴 수 있다.

토끼와 거북

(가) ㉠토끼와 거북이 살았습니다. ㉡거북이 토끼보다 먼저 결승점에 도착하여 토끼는 경주에서 졌습니다. ㉢토끼와 거북은 달리기 경주를 하게 되었습니다. ㉣토끼는 달리기를 하다가 낮잠을 잤습니다.

(나) 옛날에 토끼와 거북이 살았습니다. 어느 날, 토끼가 거북을 '느림보'라고 놀려 대자, 거북은 토끼에게 달리기 경주를 하자고 하였습니다. 달리기를 시작한 토끼는 거북이 저 멀리 따라오는 것을 보고 중간에 낮잠을 잤습니다.
　그런데 토끼가 잠을 자는 동안에 거북은 토끼 옆을 지나갔습니다. 잠에서 깬 토끼가 힘껏 결승점으로 달려갔지만, 거북이 먼저 도착하여 경주에서 이겼다는 이야기입니다.

(다) 옛날에 토끼와 거북이 있었는데, 둘은 친구였습니다. 어느 날, 토끼가 거북을 보고 "거북은 느림보!"라고 놀렸습니다. 거북은 화가 나서 토끼에게 달리기 경주를 하자고 하였습니다. 거북은 먼저 결승점에 도착하였습니다. '느림보'라고 놀림 받던 거북이 경주에서 토끼를 이겼습니다.

1 글 (가)와 (나)에 대한 설명으로 알맞은 것은 어느 것입니까? (　　　)

① 글 (가)는 장소의 바뀜에 따라 간추렸다.
② 글 (가)는 원인과 결과가 잘 나타나 있다.
③ 글 (가)는 일이 일어난 순서에 맞게 간추렸다.
④ 글 (나)는 일이 일어난 순서에 맞게 간추렸다.
⑤ 글 (나)는 원인과 결과가 잘 나타나지 않게 간추렸다.

2 ㉠~㉣을 이야기의 흐름에 맞게 순서대로 나열하시오.

(　　　) → (　　　) → (　　　) → (　　　)

3 글 (나)와 (다)를 비교하여 서로 다른 점은 무엇인지 쓰시오.

_____

_____

옛날 한 옛날 욕심이 많은 부부가 살았다. 부부는 어느 날 저녁, 이웃집에서 떡을 한 개 얻어 왔다. 그러나 너무 작아 한 사람만 떡을 먹을 수 있었다. 남편과 부인은 서로 자기가 먹겠다고 하다가 내기에서 이긴 사람이 떡을 먹기로 했다. 남편이 말했다.

"말 안 하기 내기를 합시다. 지금부터 말을 하는 사람은 지는 것이오."

두 사람은 그때부터 아무 말도 하지 않았다. 한참이 지난 뒤였다. 이 집에 도둑이 들었다. 도둑은 집 안에서 훔칠 물건을 고르기 시작했다. 두 사람은 이상한 소리를 들었으나 아무 말도 하지 않았다. 도둑은 안방까지 들어왔다가 깜짝 놀랐다. 두 사람이 자기를 보고도 아무 말도 하지 않고 입을 꼭 다물고 있었기 때문이다. 도둑은 자기가 무서워 아무 말도 하지 못하는 줄 알고, 안방에 있는 귀중한 물건까지 샅샅이 챙겨 갔다. 도둑이 바깥으로 나가고 난 뒤 부인이 화가 나서 소리를 쳤다.

"아니, 도둑이 물건을 훔쳐 가는 데도 가만히 있단 말이오?"

그러자 남편이 말했다.

"부인이 먼저 말했으니, 이 떡은 이제 나의 것이오."

1 ㉠~㉤을 이야기의 흐름에 맞게 순서대로 나열하시오.

㉠ 내기에서 남편이 이겼다.
㉡ 남편과 부인은 말 안 하기 내기를 하였다.
㉢ 이웃집에서 떡 한 개를 얻어 왔다.
㉣ 집에 도둑이 들어 물건을 훔쳐 갔다.
㉤ 부인이 화가 나서 소리쳤다.

( ) → ( ) → ( ) → ( ) → ( )

03 글의 흐름을 따라라

읽기 | 교과서 47~53쪽 | 학습 목표 : 일이 일어나는 차례에 따라 이야기를 간추릴 수 있다

병태와 콩 이야기

🌱 **글의 종류** 창작 동화
🌱 **중심 생각** 생명을 소중하게 생각하는 마음

"여기에 똑같은 흙이 담긴 화분이 두 개 있다. 각각 콩을 네 알씩 심겠다."

선생님께서 유리 막대로 화분 속 흙을 파헤쳤습니다. 그러고는 "하나, 둘, 셋, 넷!" 하면서 콩 네 알을 심으셨습니다.

선생님께서 화분을 반 바퀴 돌리셨습니다. 한 화분에는 '물 준 화분'이라고 써 붙이셨고, 한 화분에는 '물 안 준 화분'이라고 써 붙이셨습니다.

"한 화분에는 물을 주고 한 화분에는 물을 주지 않겠다. 자, 그럼 다 같이 예상해 보자."

유리가 손을 번쩍 들었습니다.

"선생님, 물을 준 화분에 심은 콩은 곧 싹이 틀 거예요."

선생님께서 방긋 웃으며 유리에게 물으셨습니다.

"그럼 물을 안 준 화분에 심은 콩은?"

"화분 속에서 콩의 싹이 트지 않을 거예요."

여러 아이의 이야기를 다 들은 뒤에 선생님께서 말씀하셨습니다.

"음, 오늘이 월요일이니까, 빠르면 다음 주 월요일쯤에는 알 수 있겠다."

그러고는 준비한 물을 '물 준 화분'의 콩에 주셨습니다. '물 안 준 화분'의 콩에는 한 방울의 물도 주지 않으셨습니다.

1 이 글의 내용으로 알맞지 <u>않은</u> 것은 어느 것입니까? ( )

① 선생님이 두 개의 화분에 콩을 네 알씩 심으셨다.
② 두 개의 화분에 콩의 개수를 다르게 하여 심었다.
③ 아이들은 두 화분에 일어날 일을 예상하여 말하였다.
④ 선생님께서 준비한 물을 '물 준 화분'의 콩에 주었다.
⑤ 한 화분에는 '물 준 화분'이라고 써 붙였고, 한 화분에는 '물 안 준 화분'이라고 써 붙였다.

2 '물 준 화분'과 '물 안 준 화분'은 일주일 뒤에 어떻게 될 거라고 예상하였는지 말하시오.

03 글의 흐름을 따라라

그때, 병태의 머릿속에 할머니의 모습이 떠올랐습니다. 할머니께서는 방 안에서 손수 콩나물을 키우십니다. 다 키운 콩나물은 이웃에게 나누어 주십니다. 그럴 때의 할머니 손길은 참 넉넉해 보입니다. 콩나물에 물을 죽죽 끼얹으며 중얼거리시던 할머니의 목소리가 병태의 귓속으로 파고듭니다.

"말 못하는 것들도 정성껏 키운 사람의 마음을 알지."

선생님께서 화분 두 개를 햇볕이 잘 드는 창가에 놓으셨습니다.

토요일이 되었습니다. 공부를 마치자 선생님께서 유리를 불러 놓고 이르셨습니다.

"오늘 바쁜 일이 있어서 선생님은 교무실에 가 보아야겠다. 유리는 청소가 끝난 뒤, 문단속을 잘한 다음에 가거라. 알겠니?"

"네."

선생님께서 먼저 교실을 나가십니다.

유리는 걸레를 빨아 책상과 사물함을 닦습니다. 그때, 병태가 교실 안으로 들어옵니다. 그러고는 ㉠<u>선생님 책상 옆에서 머뭇머뭇합니다.</u> 어쩐지 수상해 보입니다. 유리는 힐끗힐끗 병태의 행동을 살핍니다.

마침내 유리는 병태의 비밀스러운 행동을 잡아냅니다.

"신병태, 너 거기서 뭐 하는 거야?"

병태가 손에 든 물컵을 재빨리 등 뒤로 감춥니다.

"너, ㉡<u>나쁜 짓</u> 했지?"

"콩 살리려고 물 줬다. 왜?"

"'물 안 준 화분'에 물을 주면 어떡하니?"

"물을 안 주면 콩이 죽잖아."

"하지만 이건 과학 실험이야. 이……."

유리는 화가 났지만 간신히 참습니다.

"너, 선생님한테 이르면 혼나!"

> 물컵을 놓고 병태가 자기 책상으로 걸어갑니다. 그러고는 잡아채듯 책가방을 휙 집어 듭니다.
> 몹시 화가 난 아이처럼 교실을 나서며 병태가 쏘아붙이듯 말합니다.
> "어저께도, 그저께도 내가 물 줬어."
> 병태가 떠난 뒤, 유리는 한참 동안 멍하니 서 있습니다. 병태의 마음이 가슴에 와 닿을 듯 말 듯 합니다.
> 월요일 둘째 시간이었습니다.
> "이게, 도대체 어떻게 된 거야?"
> 선생님께서 소리치셨습니다.
> 병태는 고개를 숙인 채 앉아 있었고, 유리는 아무 말도 하지 않았습니다.
> ㉢"이건 말도 안 돼!"
> 그러고는 절래절래 고개를 흔드셨습니다.

3 이 글의 내용으로 보아, 병태 할머니는 어떤 분이십니까? ( )

① 냉정하신 분
② 몸이 아프신 분
③ 심술이 많으신 분
④ 돈을 좋아하시는 분
⑤ 인심이 좋고 마음이 따뜻하신 분

4 병태가 ㉠과 같은 행동을 한 까닭은 무엇인지 쓰시오.

_____

5 ㉡ '나쁜 짓'은 어떤 행동을 가리킵니까? ( )

① 교실을 더럽히는 것
② 교실에서 뛰어다니는 것
③ 화분의 콩을 따 먹은 것
④ '물 준 화분'에 물을 준 것
⑤ '물 안 준 화분'에 물을 준 것

6 병태가 화분에 물을 준 까닭은 무엇인지 쓰시오.

_____

7 선생님께서 ⓒ과 같이 말씀하신 까닭은 무엇인지 쓰시오.

_____

03 글의 흐름을 따라라

그날 유리는 '콩 이야기'라는 제목으로 일기를 썼습니다. 비밀을 혼자만 알고 있으려니까 조바심이 났던 것입니다.

> ㉠ 콩 실험을 망쳤다.
> 그러나 병태 때문에 콩은 죽지 않았다.

이튿날, 선생님께서 유리 일기장을 보셨습니다. 선생님께서는 곰곰이 생각에 잠기셨습니다. 눈길이 슬그머니 창가의 화분에 가 머뭅니다. 햇볕을 받고 있는 어린 싹이 그렇게 귀여울 수가 없습니다. 선생님께서 유리 일기장이 아닌 병태 일기장에 이렇게 썼습니다.

> ㉡ 병태야, 고맙구나.
> 선생님은 오늘 아주 큰 사랑을 선물받았다.

병태는 일기장을 받아 들고 선생님께서 써 주신 글을 읽었습니다. 대번에 유리 얼굴이 떠오릅니다. 유리가 말을 한 것이 틀림없습니다. 그렇지만 병태는 전혀 기분 나쁘지 않았습니다. 콩 실험 때문에 유리와 ㉢비밀을 간직하게 되었으니까요. 병태는 선생님께서 써 주신 글을 유리에게 살짝 보여 줍니다.

유리가 알겠다는 듯이 병태를 향하여 생긋 웃음을 보내 줍니다. 유리의 한쪽 볼에 꽃처럼 환하게 보조개가 피어납니다.

병태는 기분이 좋아 이렇게 외치고 싶은 것을 꾹 참았습니다.

'난 유리가 좋아.'

8 ㉠과 같은 결과가 나온 까닭은 무엇입니까? ( )

① 병태가 화분에 물을 주지 않아서
② 병태가 화분에 심은 콩을 다 파내서
③ 유리가 '물 안 준 화분'에 물을 주어서
④ 병태가 '물 안 준 화분'에 물을 주어서
⑤ 병태가 콩을 심어 놓은 화분을 떨어뜨려서

9 선생님께서 병태의 일기장에 ㉡과 같이 쓰신 까닭은 무엇인지 쓰시오.

_____

10 ㉢ '비밀'은 무엇입니까? ( )

① 병태가 일기를 쓰는 것
② 유리가 화분을 깨뜨린 것
③ 화분의 콩이 모두 죽은 것
④ 병태가 유리의 일기를 베낀 것
⑤ 병태가 '물 안 준 화분'에 물을 준 것

11 병태가 화분에 물을 준 행동에 대한 가람이와 한결이의 생각은 무엇인지 간략하게 쓰시오.

> 가람 : 병태가 화분에 물을 준 것은 잘못한 일이라고 생각해. 결국 과학 실험을 망쳤기 때문이야.
> 한결 : 나는 생각이 좀 달라. 병태는 실험보다 콩의 생명을 더 소중하게 생각하였기 때문에 화분에 물을 주었어. 병태의 마음을 이해할 수 있어.

이름	생각
가람	
한결	

영재클리닉 02

동물들의 생김새엔 이유가 있다

『과학』_ 2. 동물의 세계

내 부리가 더 예쁘다.

다윈이 갈라파고스에서 만난 핀치의 부리는 먹이에 따라 그 모양이 달랐습니다. 그 까닭은 무엇일까요?

왜 그렇게 생겼을까?

 과학 | 교과서 48~77쪽 | 학습 목표 : 동물의 생김새를 관찰하여 공통점과 차이점을 찾을 수 있다.

※ 다음 자료를 보고, 물음에 답하시오.

동물의 생김새와 특징

이름	생김새	특징
호랑이		• 다리가 4개이고, 꼬리가 있음. • 몸이 털로 덮여 있고, 검은 줄무늬가 있음 • 몸통의 길이가 180~240cm임. • 힘이 세며, 날카로운 송곳니와 발톱이 있음. • 땅에서 삶.
기린		• 다리가 4개이고, 꼬리가 있음. • 몸이 털로 덮여 있고, 흰색의 그물 무늬가 있음. • 몸의 높이가 550~600cm임. • 암수 모두 1쌍의 뿔이 있음. • 땅에서 삶.
개구리		• 다리가 4개로, 뒷다리가 앞다리보다 더 긺. • 발가락 사이에 물갈퀴가 있음. • 몸이 미끈미끈함. • 몸의 길이가 6~9cm(참개구리)임. • 땅과 물에서 삶.
상어		• 다리가 없음. • 지느러미와 아가미가 있음. • 몸이 꺼끌꺼끌한 비늘로 덮여 있음. • 몸의 길이기 600~900(백상아리)cm임. • 물에서 삶.
뱀		• 다리가 없음. • 눈꺼풀이 없으며, 똬리를 틀 수 있음. • 몸이 딱딱한 비늘로 덮여 있음. • 몸의 길이가 40~70cm임. • 땅에서 삶.
게		• 5쌍의 다리가 있으며, 앞쪽 1쌍은 집게발이고, 가장 뒷쪽의 다리는 부채 모양임. • 몸이 딱딱함. • 물에서 삶.

1 다음 두 동물의 공통점으로 옳은 것은 어느 것입니까? (   )

▲ 호랑이   ▲ 기린

① 꼬리가 없다.
② 깃털로 덮여 있다.
③ 몸이 미끈미끈하다.
④ 다리의 수가 4개이다.
⑤ 딱딱한 깃털로 덮여 있다.

2 동물을 다음과 같이 분류한 기준으로 알맞은 것을 한 가지 고르시오. (   )

| 상어, 뱀 | 호랑이, 기린, 개구리, 게 |

① 사는 곳   ② 몸의 온도   ③ 털의 유무
④ 몸의 크기   ⑤ 다리의 유무

3 다음 동물들을 나눌 수 있는 분류 기준을 쓰고, 그 기준에 맞게 동물들을 분류하시오.

호랑이, 기린, 뱀, 상어, 게

분류 기준	동물

※ 다음 자료를 보고, 물음에 답하시오.

새들의 부리 모양과 먹이와의 관계

이름	부리 모양	부리의 특징	먹이의 종류
매		• 튼튼하고 끝이 갈고리처럼 휘어짐. • 고기를 찢기에 알맞음.	오리, 비둘기, 지빠귀 등
왜가리		• 길고 뾰족함. • 먹이를 찔러서 잡기에 알맞음.	물고기, 개구리, 쥐, 뱀 등의 작은 동물
콩새		• 튼튼하고 짧음. • 씨앗이나 열매를 쪼아 먹기에 알맞음.	씨앗, 열매 등을 먹으며 번식기에는 곤충도 먹음.
청둥오리		• 주걱 모양으로 넓적하며, 가장자리가 빗살 모양임. • 물속에 있는 먹이를 걸러 먹기에 알맞음.	물고기, 곤충, 물풀, 곡식, 새싹 등

4 다음 중 고기를 찢기에 알맞은 새의 부리는 어느 것입니까? (   )

① 　② 　③

④ 　⑤

5 다음 (   ) 안에 들어갈 알맞은 말을 쓰시오.

> 매는 오리, 비둘기, 지빠귀 등을 먹고 콩새는 씨앗, 열매를 먹습니다. 이와 같이 매와 콩새는 (   )가 다르기 때문에 부리 모양이 다릅니다.

※ 다음 자료를 보고, 물음에 답하시오.

사는 곳에 따라 생김새가 달라진 동물

북극여우
- 몸이 크고 귀가 작음.
- 작은 귀는 열이 빠져 나가는 것을 막아 줌.

사막 여우
- 몸이 작고 귀가 큼.
- 큰 귀는 열을 잘 내보내 체온이 올라가는 것을 막아 줌.

6 북극여우의 귀가 작은 까닭은 무엇입니까? ( )

① 소리를 안 들으려고
② 열을 잘 내보내게 하려고
③ 먼 곳의 소리를 잘 들으려고
④ 열이 빠져 나가는 것을 막아 주려고
⑤ 가까이에서 나는 소리를 잘 들으려고

7 북극여우와 사막 여우의 생김새가 다른 까닭은 무엇인지 쓰시오.

_____

8 다음 동물들의 눈과 콧구멍의 위치가 거의 수평하게 있는 까닭을 50자 내외로 쓰시오.

_____

_____

01 기린은 왜 목이 길까요?

※ 다음 그림을 보고, 물음에 답하시오.

다윈설

목이 긴 기린과 짧은 기린이 있었다.

목이 긴 기린이 먹이를 먹는데 유리했다.

목이 긴 기린들만 남게 되었다.

라마르크설

원래 목이 짧았다.

높은 곳에 있는 먹이를 먹기 위해 목을 계속 뻗었다.

그 결과 목이 길어졌다.

1 다윈은 기린의 목이 긴 까닭은 무엇이라고 하였는지 쓰시오.

2 라마르크는 원래 짧았던 기린의 목이 길어진 까닭은 무엇 때문이라고 하였는지 쓰시오.

02 낙타는 왜 혹을 달고 있을까?

나는 무더운 사막에서도 물을 먹지 않고 잘 버틸 수 있어. 어떻게 그 더운 사막에서 그럴 수 있느냐고? 비밀은 내 올록볼록한 혹에 있어. 내 혹에는 20~80kg 정도의 지방이 저장되어 있어. 그 지방 덕분에 5~6일 정도는 아무 것도 먹지 않고 견딜 수 있지. 내가 5~6일 동안 먹이를 먹지 않으면 혹은 점점 작아져. 혹 속에 있는 지방을 쓰기 때문이지. 하지만 다시 먹이를 먹으면 커진단다.

내 몸은 뜨겁고 모래 바람이 부는 사막에 잘 적응할 수 있게 되어 있어. 모래 바람이 불어도 눈과 귀에 들어가지 않도록 눈에는 긴 속눈썹이, 귀에는 털이 나 있지. 그리고 콧구멍도 열었다 닫았다 할 수 있어서 모래가 들어오는 것을 막을 수 있어. 그뿐만 아니라 발바닥도 넓어서 모래에서도 빠지지 않고 잘 걸을 수 있단다.

1 낙타가 살고 있는 환경의 특징을 한 가지만 쓰시오.

2 낙타가 사막에서 오랫동안 물을 먹지 않고도 잘 견딜 수 있는 까닭은 무엇인지 쓰시오.

03 코끼리는 왜 귀를 펄럭일까?

코끼리는 코도 길고 크지만 귀도 엄청 커요. 그 큰 귀로 펄럭펄럭 부채질을 하지요. 코끼리가 귀로 부채질을 하는 이유는 체온을 조절하기 위해서예요.

코끼리는 높아진 체온을 조절할 수 있는 땀샘이 없어요. 그 대신 부채질이 가능한 펄럭이는 큰 귀 바퀴와 더우면 아무 물에 들어가도 젖지 않는 고무 같은 피부를 가지고 있지요.

1 코끼리는 땀샘이 없는 대신 무엇과 무엇을 가지고 있는지 쓰시오.

_____

2 코끼리가 귀로 부채질을 하는 까닭을 30자 내외로 정리하시오.

_____

_____

_____

04 고양이는 왜 수염이 많을까?

고양이 얼굴을 잘 들여다보면 눈 위, 뺨, 윗입술, 입 주위, 턱밑에 긴 수염이 나 있어요. 그런데 이 수염은 사람의 수염과 달리 매우 예민한 감각을 지니고 있는 '감각모'예요. 이 수염으로 자신이 있는 위치나 장소를 알 수 있고, 주변 사물의 위치도 알 수 있지요. 그래서 고양이의 수염을 자르면 고양이는 방향 감각을 잃어 정상적인 생활을 할 수 없어요. 주변의 위치나 장소를 모르는 것뿐만 아니라 재빠르게 움직일 수도 없답니다.

1 고양이의 수염이 하는 일을 한 가지만 쓰시오.

2 고양이의 수염을 자르면 고양이는 어떻게 되는지 쓰시오.

세상에서 가장 못생긴 동물은?

　미국의 과학 전문 매체인 라이브 사이언스가 주최한 '못생긴 동물 경연'에는 거대한 포유동물부터 전자 현미경을 통해 볼 수 있는 초소형 벌레까지 범상치 않은 외모를 자랑하는 온갖 동물이 참가해 개성 넘치는 자신만의 외모를 뽐냈다.

　영예의 우승은 '마타마타 거북'이 차지했다. 기괴한 얼굴의 곤충 '뱀잠자리'는 1위 자리를 놓고 마타마타 거북과 치열한 경합을 펼쳤지만 모습을 현미경을 통해 봐야 한다는 사실이 약점으로 작용, 아깝게 우승을 놓쳤다.

　'가장 못생긴 동물'로 뽑힌 마타마타 거북은 거북류 가운데 가장 특이한 외모를 지닌 종류로, 목을 옆으로 구부려 넣는 점이 특징이다.

　또 우리나라의 미식가들에게 사랑받는 '아귀'가 큰 입과 공포감을 주는 이빨 덕분에 당당히 3위를 차지했고 털 없는 두더지, 늙은이 박쥐 등 기괴한 외모를 가진 희귀 동물들이 상위권에 이름을 올렸다.

텔레비전을 꺼라

『쓰기』_ 3. 함께 사는 세상

텔레비전이 없으면 나의 삶에 어떤 변화가 일어날까요?

텔레비전과 신문, 뭐가 달라?

✏ 쓰기 | 📖 교과서 149~161쪽 | 학습 목표 : **알맞은 낱말을 사용하여 공통점과 차이점이 드러나게 글을 쓸 수 있다.**

1 텔레비전과 신문에 대해 간단하게 쓰시오.

2 1번에 적힌 내용을 바탕으로 텔레비전과 신문의 공통점과 차이점을 정리하시오.

	텔레비전	신문
차이점		
공통점		

3 텔레비전과 신문의 공통점이 드러나도록 글을 쓰시오.

4 쓴 글을 친구와 바꾸어 읽고 잘 된 부분과 부족한 부분을 표시하시오. 그리고 친구가 부족하다고 표시하여 준 부분을 다시 고쳐 쓰시오.

텔레비전을 꺼라

01 안 들리니?

1 여러분은 하루에 몇 시간 정도 텔레비전을 보나요?

2 즐겨 보는 프로그램은 무엇인지, 왜 좋아하는지 쓰시오.

3 만화의 아이들처럼 텔레비전을 보느라고 다른 사람의 말을 듣지 못했던 적이 있나요? 그때의 이야기를 해 보시오.

02 TV를 끄면 삶이 살아난다

미국의 시민단체인 'TV네트워크'는 매년 4월 'TV 안 보기 주간'을 정해 대대적인 캠페인을 벌이고 있다.

올해의 행사 주제는 'TV를 끄면 삶이 살아난다!'이다. 일주일 간 TV를 안 보는 대신 가족과 친구끼리 운동을 즐기며 시간을 보내자는 제안이다.

미국소아과학회는 "어린이가 하루 2시간 이상 TV나 비디오 등에 매달리면 안 된다."고 경고한다. TV를 많이 보면 뚱뚱해지고 사람과 사귀는 대인관계 능력이 떨어져서, 아주 어린 나이에 TV를 시청한 어린이는 학교 갈 나이가 됐을 때 '주의력 결핍장애'가 생길 위험이 높아진다는 연구 결과도 나오고 있다.

한 아동복지학 교수는 "TV에 빠지면 독서나 취미 같은 재미있고 중요한 일을 할 시간을 너무 많이 빼앗긴다."며 "TV를 끄고 부모님과 대화를 나누거나 배드민턴 치기, 화분에 씨앗 뿌리기 등 흥미 있는 야외 활동을 해 볼 것"을 권했다. 또 "유아원에서 'TV 안 보기 행사'를 매년 해 봤더니 어린이들이 차분해지고 심리적 안정감이 높아졌다"고 말했다.

— 「어린이 동아」

1 이 기사에서는 TV를 시청하면 어떤 나쁜 점이 있다고 했나요?

02 TV를 끄면 삶이 살아난다

'TV 한 주 안 보기'를 시작할 때 가장 중요한 것은 날짜를 정하는 것이다. 선거 개표일이나 중요한 스포츠 경기가 있는 날은 실패할 확률이 많기 때문에 피하는 것이 좋다.

날짜가 정해지면 TV를 안 보는 시간에 읽을 책을 사거나 가족과 함께 나들이, 집안 꾸미기, 운동 계획을 짜는 등 '힘든 과정'을 통과하기 위한 준비에 철저해야 한다.

첫날에는 천으로 TV를 가리거나 안 보이는 곳으로 치우고, 가족 이름을 적은 서약서에 손도장을 찍거나 현관에 'TV 안 보기 운동 중'이란 팻말을 걸어 놓는 등 흥미로운 이벤트를 마련하는 것이 좋다. 셋째 날이 일주일 중에서 가장 힘이 드는데, 이 날만 잘 넘기면 나머지 기간은 의외로 쉽게 넘어갈 수 있다.

한 주 행사를 마친 후, TV를 안 본 기간의 장단점에 대해 가족이 대화하는 시간을 갖고 한 달에 한 번 이상 정기적으로 TV 안 보는 날을 정해 보자. 대신 '책 읽는 날', '서점 가는 날', '운동하는 날', '요리하는 날' 등 가족끼리 함께 할 수 있는 활동을 하는 것도 좋다.

2 'TV 한 주 안 보기'를 실천한다면, 그 기간 동안 어떤 것을 하고 싶은가요? 그 시간에 혼자 혹은 가족과 함께 하고 싶은 일을 쓰시오.

_____

_____

03 TV 시청 선서문

'좋은 어머니가 되기 위한 모임'은 최근에 어린이들을 위한 'TV 시청 선서문'을 소식지에 소개해 눈길을 끌고 있다.

이 선서문에 따르면 먼저 습관적으로 TV을 켜지 않는 것이 가장 중요하다. 미리 TV 편성표를 보고 볼 프로그램을 정한 뒤 그 시간대에만 켜도록 한다. 그리고 시청 시간은 연속하여 1시간을 넘기지 말고 모두 합쳐 2시간 미만으로 정하는 것이 좋다. 당장 오늘부터 TV 옆에 선서문을 붙여 놓고 실천해 보자.

TV 시청 선서문

- 나 ○○○는 하루 2시간 이상 TV를 보지 않는다.
- 보기로 한 프로그램이 시작할 때만 TV를 켜고, 끝나면 꼭 TV를 끈다.
- TV는 숙제와 공부, 할 일을 끝낸 다음에 본다.
- 수상기와 2m 이상 떨어진 곳에서 본다.
- 눕거나 엎드리지 않고 바른 자세로 본다.
- 가능한 한 부모님과 함께 시청한다.
- 만화만 보지 않고 다큐멘터리 등 다양한 프로그램을 본다.
- 만 18세 이상 시청 가능 프로그램은 절대 보지 않는다.

1 'TV 시청 선서문'의 내용 중에서 지키고 있는 것과 지키지 않는 것은 각각 몇 개씩 되나요? 친구들과 이야기하시오.

2 'TV 시청 선서문'에 더 추가하고 싶은 것이 있으면 쓰시오.

_____

_____

3 지나치지만 않다면 TV를 보는 것이 꼭 나쁜 것만은 아니겠지요? 여러분이 TV를 보면서 얻는 좋은 점은 무엇인지 세 가지만 쓰시오.

첫째 _____

둘째 _____

셋째 _____

4 만약 여러분이 TV 프로그램을 만드는 프로듀서라면 어떤 내용을 만들고 싶나요? 여러분이 만들고 싶은 프로그램에 대해 설명해 보세요.

_____

_____

_____

5 여러분이 즐겨 보는 프로그램이 여러분에게 반드시 필요한 것인지, TV를 시청하는 시간은 적당한지 다시 생각해 보시오.

TV, 어떻게 볼 것인가?

※ TV를 어떻게 시청하는 것이 좋은지에 대한 자신의 생각을 써 보시오. (500자 내외)

신나는 논술

300

400

500

| 첨삭지도 | |

국어 술술 사회 술술 과학 술술

01 마음으로 보아요

※ 다음 글을 읽고, 물음에 답하시오.

(가) 반찬으로 지원이가 좋아하는 돼지고기 튀김이 나왔습니다.
"지원아, 돼지고기 튀김 먹으면 살찐대."
지원이가 맛있게 돼지고기 튀김을 한 입 베어 먹자, 짝꿍 한결이가 놀립니다.
"상관하지 마."
그만 밥맛이 싹 달아나 버렸습니다.
지원이는 그대로 일어나 식판을 가져다 놓았습니다.
돌아서는 지원이를 선생님께서 부르십니다.
"음식을 이렇게 남기면 어떡하니. 이것저것 가리지 말고 다 먹어야지."
선생님께 꾸중을 듣자 눈물이 나오려고 합니다.
지원이는 고개를 푹 숙이고 손톱을 깨물었습니다. 지원이의 손톱 깨물기 버릇은 이렇게 시작되었습니다.

(나) 손톱을 깨물고 있는 지원이를 보고 엄마는 꾸중을 하십니다.
"애가 무슨 일이래. 손톱이 이게 뭐니? 쥐가 갉아 먹은 것 같다."
"엄마, 나도 모르게 자꾸 깨물게 돼요."
"안 되겠다. 반창고 가져와라."
엄마는 지원이가 손톱을 깨물 수 없게 손가락 끝을 반창고로 감아 주셨습니다.

1 ㉠에 들어갈 알맞은 까닭은 무엇인지 쓰시오.

2 선생님께 꾸중을 들은 이후에 지원이에게 생긴 버릇은 무엇인지 쓰시오.

※ 다음 글을 읽고, 물음에 답하시오.

(가) ○○월 ○○일 ○요일   날씨 : 맑음

"소가 된 게으름뱅이"를 읽고

저녁밥을 먹고 누워서 놀고 있는데, 어머니께서 "밥 먹자마자 누우면 소가 된다."라고 하셨다. 어머니의 말씀을 듣고 예전에 읽었던 이 책이 생각나서 다시 읽어 보았다.

이 책은 밥 먹고 게으름만 피우다가 소로 변한 사람의 이야기이다. 할 일을 미루고 게으름을 피우고 싶을 때마다 떠올려 볼 만한 이야기라고 생각한다.

(나) 게으름뱅이에게

심동규

할 일을 미루면
게으름을 피우면
소가 된대요.

하루 종일 일만 하고
'음매'라는 말만 하는
소가 된대요.

후회할 땐 이미 늦어요.
어서어서 일어나요.

3 글 (가)와 (나)는 각각 어떤 형식으로 쓴 독서 감상문입니까?

(1) (가) : (   )

(2) (나) : (   )

4 글 (가)와 (나)의 형식으로 독서 감상문을 쓰면 좋은 점을 각각 한 가지씩 쓰시오.

(가)	
(나)	

※ 다음 글을 읽고, 물음에 답하시오.

(가) '그래, 오늘은 누가 꼭 와 주겠지!'
라고 생각하였습니다. 바위나리는 이렇게 며칠 동안 날마다 노래를 부르면서 친구가 오기를 기다렸지만, 찾아오는 친구는 아무도 없었습니다. 바위나리는 큰 소리로 울었습니다.
그런데 이상하게도 이 울음소리가 밤이면 남쪽 하늘에 맨 먼저 뜨는 아기별의 귀에 들렸습니다. 아기별은 이 울음소리를 듣고 깜짝 놀랐습니다.
'누가 이렇게 슬프게 울까? 내가 가서 달래 주어야겠다.'.

(나) 아기별은 어쩔 줄 모르고 한참 동안이나 멍하니 있다가 문지기를 불러 보았으나 아무도 대답하는 이가 없었습니다. 하는 수 없이 성 뒤로 가서, 있는 힘을 다하여 까마득히 높은 성을 넘어 들어갔습니다.
그런데 임금님은 밤마다 아기별이 어디에 갔다 오는지 이미 다 알고 있었습니다.
아기별은 임금님 앞에 불려 갔습니다.
"나가거라!"
임금님은 눈을 부릅뜨고 소리쳤습니다. 아기별은 무서워 몸을 벌벌 떨며 말하였습니다.
㉠"용서해 주십시오. 다시는 밖에 나가지 않겠습니다."

5 바위나리가 외로움을 많이 타는 성격이라는 것을 알 수 있는 말이나 행동을 찾아 쓰시오.

---

6 아기별의 성격이 다음과 같다면 ㉠의 대답이 어떻게 달라졌을지 상상하여 쓰시오.

> 겁이 없고 어른의 말을 잘 듣지 않는 성격

02 이렇게 하면 돼요

※ 다음 글을 읽고, 물음에 답하시오.

(가) 그럼 선생님이 모둠 신문을 어떻게 만들어야 할지 안내할게요.
　　먼저, 모둠끼리 모여서 신문에 쓸 내용을 정합니다. 서로의 생각을 말하면서 내용을 자유롭게 정해 보세요. 하지만 지난 한 달 동안 우리 반에서 있었던 중요한 일들을 빠뜨리지 않도록 해야겠지요?
　　예를 들어 여름 방학 과제물 전시회, 학급 임원 선거, 현장 체험 학습 등은 신문에 꼭 포함시키세요.

(나) 분량은 4절 도화지 두 장입니다. 그리고 우리반 전체가 잘 볼 수 있도록 사인펜을 사용하여 진하고 큰 글씨로 작성하기 바랍니다. 모둠 신문은 다음 주 목요일까지 제출하세요. 토요일 창의적 재량 활동 시간에 모둠 신문을 발표할 예정이니까 목요일까지 제출하고, 금요일에 발표 준비를 하면 됩니다. 잘 알겠지요?
　　한 가지 주의할 점은 모둠 신문을 만들 때에는 서로 협동하고 도와주어야 한다는 것입니다.

1 글 (가)에서 선생님께서 안내하시는 내용은 무엇인지 간략하게 쓰시오.

_____

2 다음은 선생님의 말씀을 듣고 현중이가 정리한 내용입니다. 현중이가 잘못한 점은 무엇인지 쓰시오.

> [모둠 신문 만들기]
> • 자유롭게　　• 한 달 동안　　• 큰 글씨

_____

※ 다음 글을 읽고, 물음에 답하시오.

물을 아껴 쓰는 방법에는 여러 가지가 있습니다. 이를 닦을 때에는 물을 컵에 받아서 사용합니다. 변기 물통에 벽돌을 넣어 사용하면 물을 아낄 수 있습니다. ㉠<u>전기를 쓰지 않을 때에는 전원 코드를 빼 놓아야 합니다.</u>

3 이 글의 중심 문장은 무엇인지 쓰시오.

4 ㉠이 이 글의 뒷받침 문장으로 어울리지 않는 까닭을 쓰시오.

5 글쓴이가 말하고자 하는 중심 내용이 잘 드러나게 ㉠을 고쳐 쓰시오.

※ 다음 글을 읽고, 물음에 답하시오.

먼저 메주콩을 열두 시간 동안 물에 불린 뒤에 푹 삶습니다. ㉠<u>삶은</u> 콩은 절구에 찧어 반죽처럼 만듭니다. 찧은 콩 반죽을 네모난 모양으로 빚어 메주를 만듭니다.

잘 만든 메주를 따뜻한 방에서 꾸덕꾸덕할 때까지 말립니다. 메주를 ㉡<u>따뜻한</u> 곳에 두면, 우리 몸에 이로운 성분이 생깁니다. 2~3일간 메주를 잘 말려 볏짚으로 묶어 띄울 준비를 합니다.

메주를 볏짚으로 묶어 바람이 잘 통하는 곳에 매달아 ㉢<u>놓습니다.</u> 볏짚과 공기 중에는 메주를 분해하는 여러 가지 미생물이 살고 있습니다.

메주를 서너 달 동안 매달아 놓으면 된장의 고유한 맛과 향기를 내는 미생물이 번식합니다. 이 성분을 사람이 먹으면 몸이 튼튼하고 건강하게 됩니다.

이렇게 잘 띄운 메주를 깨끗이 씻어서 적당히 햇볕에 말립니다. 그런 뒤에 항아리에 메주와 소금물을 넣습니다. 이때 붉은 고추와 숯을 함께 넣어 줍니다. 붉은 고추와 숯은 잡균을 없애고 냄새를 제거하여 주는 역할을 합니다. 20~30일이 지나면 항아리에서 메주를 건져 냅니다.

걸러 낸 건더기를 삭혀 된장을 만듭니다. 메주 건더기에 소금을 잘 뿌려서 항아리에 담습니다.

6 ㉠~㉢의 기본형을 쓰시오.

(1) ㉠ 삶은 : (　　　　　　)　　(2) ㉡ 따뜻한 : (　　　　　　)

(3) ㉢ 놓습니다. : (　　　　　　)

7 항아리에 메주와 소금물을 넣을 때 붉은 고추와 숯을 함께 넣는 까닭은 무엇인지 두 가지만 쓰시오.

• _____

• _____

03 함께 사는 세상

※ 다음 글을 읽고, 물음에 답하시오.

(가) 어느 날, 할아버지가 나무를 하러 깊은 산속에 들어갔다가 샘을 발견하였습니다. 목이 마른 할아버지는 샘물을 꿀꺽꿀꺽 마셨습니다.
"어, 시원하구나."
그런데 이게 웬일입니까? 주름투성이 할아버지의 얼굴이 젊은이의 얼굴로 변하여 있지 않겠어요? 젊은이로 변한 할아버지가 집으로 돌아오자 할머니가 깜짝 놀라 물었습니다.
"아니, 젊은이는 누구요?"
"하하하, 나요 나!"
이튿날, 할아버지는 할머니를 그 샘으로 데려갔습니다. 샘물을 마신 할머니도 젊어졌습니다.

(나) 같은 동네에 살던 욕심쟁이 할아버지도 이 이야기를 듣고 샘물을 마시러 산속으로 갔습니다.
욕심쟁이 할아버지는 젊어지고 싶은 마음에 샘물을 마시고 또 마셨습니다. 그런데 너무 많이 마신 걸까요? 욕심쟁이 할아버지는 그만 아기가 되고 말았습니다.

1 착한 할아버지는 샘물을 마시고 어떻게 되었는지 쓰시오.

---

2 욕심쟁이 할아버지에게 일어난 일을 원인과 결과로 나누어 정리하여 보시오.

(1) 원인	
(2) 결과	

※ 다음 글을 읽고, 물음에 답하시오.

○○월 ○○일 ○요일   날씨 : 해와 구름이 숨바꼭질을 하네.

생일 축하해요

(가) 오늘은 어머니의 ㉠생일이다. 그래서 학교를 마치자마자 선물 가게로 향하였다. 며칠 전부터 무엇을 살까 고민하다가 미리핀을 사기로 결정하였다. 어머니께 예쁜 머리핀을 ㉡줄 생각을 하니 기분이 좋았다.

저녁 식사 때 우리 가족은 식탁에 모여 앉았다. 어머니께서는 내 선물을 보시고 환하게 웃으셨다.

(나) "은솔아, 고마워. 예쁜 머리핀이네. 그동안 모은 용돈으로 샀구나. 엄마는 이 머리핀도 좋지만, 우리 은솔이가 음식을 가르지 않고 골고루 먹어 건강했으면 좋겠구나."

어머니께서는 평소 음식을 골고루 먹지 않아 키가 적은 내가 걱정되셨던 모양이다.

3 ㉠과 ㉡을 바르게 고쳐 쓰고, ㉠과 ㉡을 고쳐 써야 하는 까닭을 쓰시오.

(1) ㉠ 고쳐 쓰기 : (   )

㉡ 고쳐 쓰기 : (   )

(2) 고쳐 써야 하는 까닭 : _____

_____

4 글 (나)에서 잘못 쓴 낱말을 두 개 찾아 바르게 고쳐 쓰시오.

• _____

• _____

※ 다음 글을 읽고, 물음에 답하시오.

(가) 선생님께서 유리 막대로 화분 속 흙을 파헤쳤습니다. 그러고는 "하나, 둘, 셋, 넷!" 하면서 콩 네 알을 심으셨습니다.
　선생님께서 화분을 반 바퀴 돌리셨습니다. 한 화분에는 '물 준 화분'이라고 써 붙이셨고, 한 화분에는 '물 안 준 화분'이라고 써 붙이셨습니다.
(나) "너, 나쁜 짓 했지?"
　"콩 살리려고 물 줬다. 왜?"
　"물 안 준 화분에 물을 주면 어떡하니?"
　"물을 안 주면 콩이 죽잖아."
　"하지만 이건 과학 실험이야. 이……."
　유리는 화가 났지만 간신히 참습니다.
　"너, 선생님한테 이르면 혼나!"
　물컵을 놓고 병태가 자기 책상으로 걸어갑니다.

5 글 (가)와 (나)를 일이 일어난 순서에 따라 두 부분으로 간추릴 때, 빈칸에 들어갈 내용은 무엇인지 쓰시오.

과학 시간에 '물 준 화분'과 '물 안 준 화분'에 각각 콩을 심어 관찰하는 실험을 하였다.	→	

6 병태가 화분에 물을 준 행동에 대한 내 생각과 그렇게 생각하는 까닭을 쓰시오.

(1) 병태의 행동에 대한 생각

　나는 병태의 행동이 _____ 생각한다.

(2) 그렇게 생각한 까닭

　왜냐하면 _____ 때문이다.

01 고장 생활의 중심지

❶ 생활에 필요한 것

1 우리 생활에 필요한 것을 다음과 같이 나눌 때, ㉠에 들어갈 알맞은 말을 쓰시오.

2 다음과 같은 여가 활동이 필요한 까닭을 한 가지만 쓰시오.

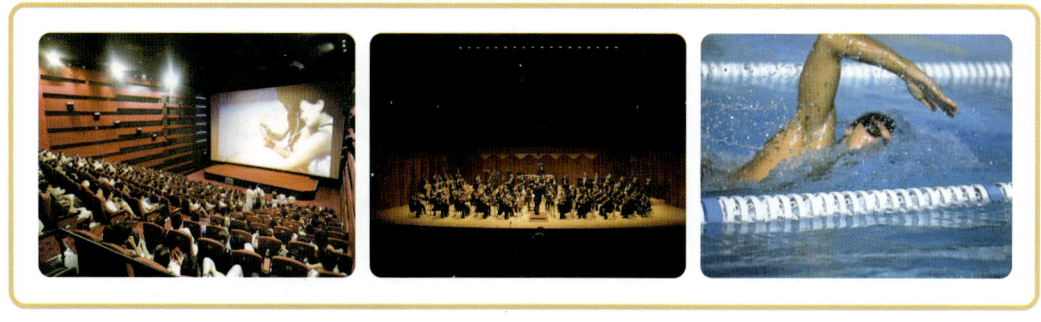

2 사람들이 모이는 곳

3 재래시장, 백화점, 대형 마트가 있는 경제 중심지의 특징을 두 가지만 쓰시오.

재래시장   백화점   대형 마트

---

4 다음과 같은 여러 시설들이 기차역과 터미널 주변에 있는 까닭은 무엇인지 한 가지만 쓰시오.

> 상점, 약국, 식당, 편의점, 대형 마트 등

---

3 우리 고장과 이웃 고장

5 다음과 같이 고장 간의 교류가 필요한 까닭은 무엇인지 30자 내외로 쓰시오.

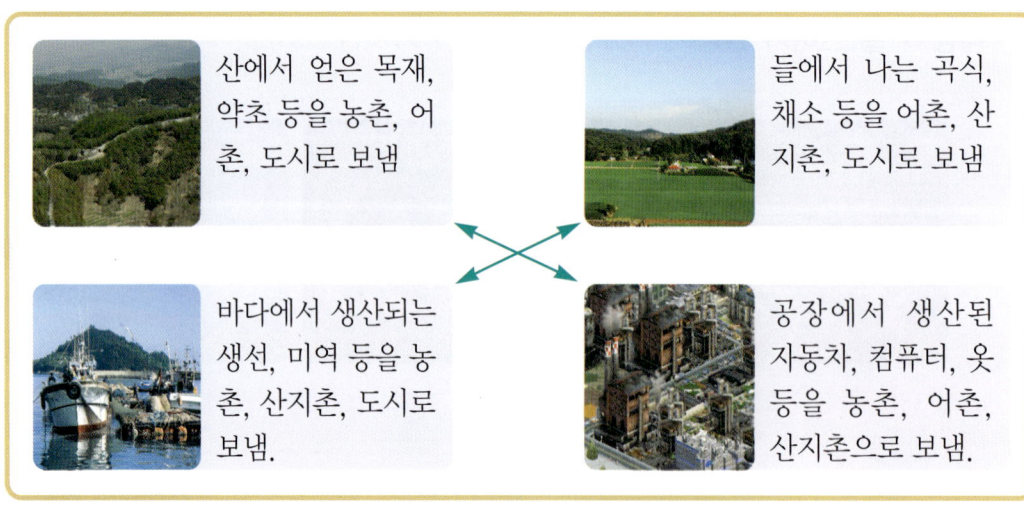

6 다음 글을 읽고, 고장 간의 교류의 대상과 범위가 확대되는 데에 영향을 준 것은 무엇인지 쓰시오.

> 고장과 고장을 연결해 주는 길이 많아지고 이동하는 시간이 짧아짐에 따라 교류의 대상과 범위가 늘었습니다.

④ 고장의 중심지 답사

7 다음은 고장의 중심지를 답사하는 과정입니다. ㉠ 과 ㉡ 에 들어갈 알맞은 말을 쓰시오.

답사할 중심지 정하기 → 중심지에 대한 자료 찾기 → 답사 계획 세우기 → ㉠ → 자료 정리하기 → ㉡

(1) ㉠ : (   )

(2) ㉡ : (   )

8 다음 두 곳을 답사 장소로 정하였습니다. 답사의 내용이 될 수 있는 것을 한 가지만 쓰시오.

02 이동과 의사 소통

① 생활 속의 이동과 의사소통

1 다음과 같이 이동 수단이 발달하여 좋은 점은 무엇인지 한 가지만 쓰시오.

옛날 이동 수단 → 오늘날 이동 수단

2 만약에 다음과 같은 이동 수단이 없어진다면 사람들의 생활은 어떻게 변화할지 쓰시오.

3 다음과 같은 의사소통 수단이 없어진다면, 사람들의 생활은 어떻게 변화할지 한 가지만 쓰시오.

② 이동과 의사소통 수단의 발달

4 다음과 같이 이동 수단의 발달이 우리 생활에 미친 영향을 두 가지만 쓰시오.

▲ 증기 기관차   ▲ 디젤 기관차   ▲ 전기 기관차   ▲ 자기 부상 열차

---

5 다음 글을 읽고, 옛날의 의사소통 수단인 봉수제와 파발의 불편한 점을 한 가지 쓰시오.

> 아주 먼 옛날의 통신 방법으로는 봉수제와 파발이 있습니다. 봉수제는 낮엔 연기, 밤에는 불빛으로 적의 침입이나 전쟁 등의 소식을 전하는 방법이고 파발은 나라의 중요한 문서를 전달하기 위해 설치한 통신 수단으로 말을 타고 가는 기발과 사람이 직접 걸어가는 기발이 있습니다.

---

6 다음과 같이 의사소통 수단이 발달하면서 우리 생활에 미친 영향을 두 가지만 쓰시오.

-
-

01 액체와 기체의 부피

❶ 액체의 부피 측정

1 다음 사진을 보고, 알 수 있는 액체의 특징 한 가지를 쓰시오.

2 눈금 실린더와 비커의 모양을 자세히 살펴보고, 부피를 측정할 때 비커를 사용할 때보다 눈금실린더를 사용하면 더 좋은 점은 무엇인지 쓰시오.

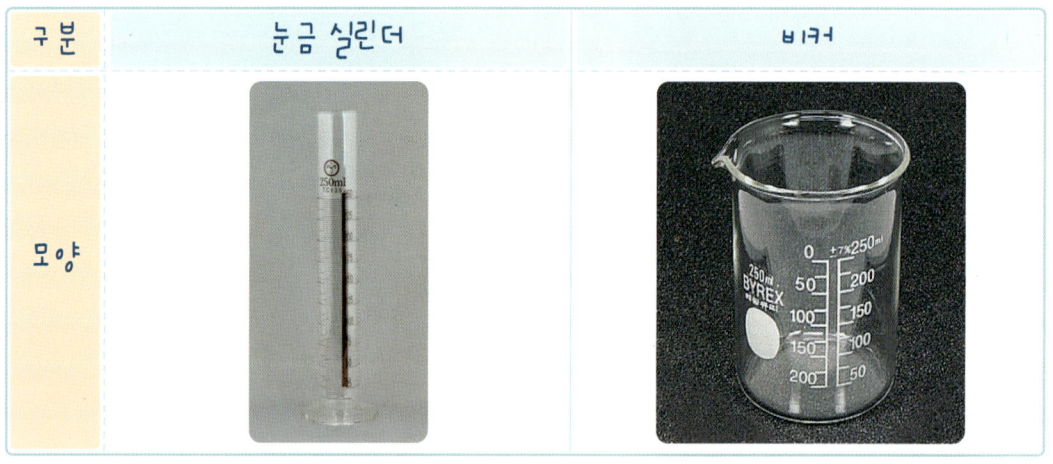

3 ㉠은 우유의 무엇을 표시한 것인지 쓰시오.

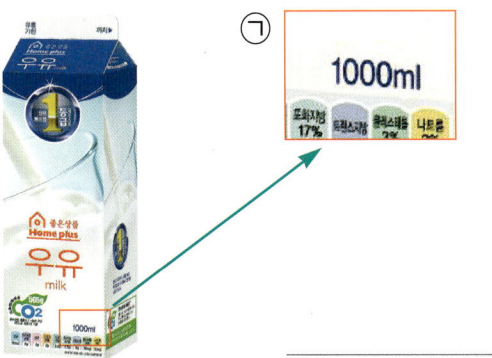

_____

4 다음 기구들의 공통된 특징을 한 가지 쓰시오.

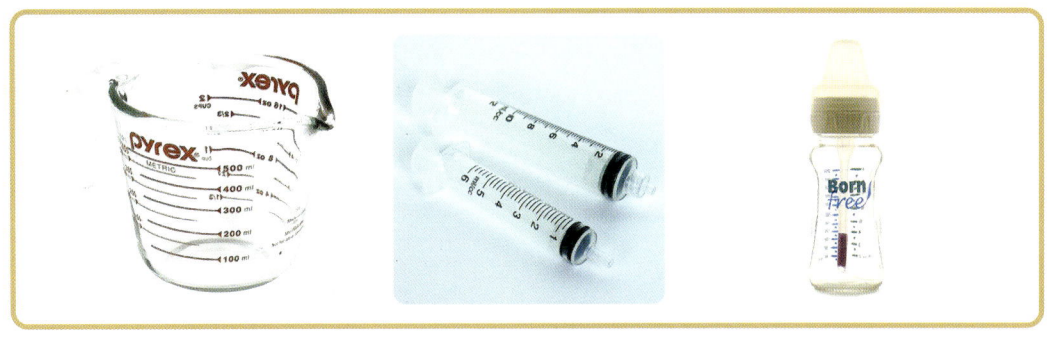

_____

5 아기에게 먹일 분유를 탈 때, 다음과 같이 눈금이 매겨진 젖병을 사용하면 좋은 점은 무엇인지 쓰시오.

_____
_____
_____

2 부피와 무게를 가지는 기체

6 (가)와 (나)를 보고, 풍선과 자전거 타이어가 부풀어 오르는 까닭은 무엇인지 쓰시오.

(가)
공기 펌프로 풍선에 공기를 밀어 넣으면 공기가 이동하여 풍선이 크게 부풀어 오른다.

(나)
바람이 빠져 찌그러진 자전거 바퀴에 공기를 넣으면 자전거 바퀴가 부풀어 오른다.

---

7 공기를 넣기 전 물렁한 공과 공기를 넣어 팽팽하게 만든 공을 양팔 저울에 매달았더니 다음과 같았습니다. 이 실험을 통해 알 수 있는 공기의 성질은 무엇인지 한 가지만 쓰시오.

02 동물의 세계

① 동물의 생김새

1 다음 동물을 분류한 기준은 무엇인지 쓰시오.

땅에 사는 동물	땅과 물에 사는 동물	물에 사는 동물
호랑이, 뱀, 지렁이, 기린	개구리	불가사리, 상어, 붕어, 해마, 산호

_____

2 다음 두 동물의 공통점 두 가지를 쓰시오.

- 다리가 없음.
- 지느러미와 아가미가 있음.
- 몸이 꺼끌꺼끌한 비늘로 덮여 있음.

- 다리가 없음.
- 눈꺼풀이 없으며, 똬리를 틀 수 있음.
- 몸이 딱딱한 비늘로 덮여 있음.

_____

_____

3 동물을 다음과 같이 분류한 기준을 한 가지만 쓰시오.

곰, 사자, 고양이	금붕어 잉어, 뱀	게, 거북, 가재

_____

2 동물이 사는 곳

4 다음 두 동물의 공통점은 무엇인지 빈칸에 쓰시오.

구분	독수리	잠자리
생김새		
공통점		
차이점	• 날개 : 1쌍 • 날개에 깃털이 있음. • 앉을 때 날개를 접음. • 다리의 수 : 2개	• 날개 : 2쌍 • 날개에 깃털이 없고 매우 얇음. • 앉을 때 날개를 접지 않음. • 다리의 수 : 6개

3 사는 곳에 따른 동물의 생김새

5 북극여우는 귀가 크고 사막 여우는 귀가 작은 까닭을 두 여우가 사는 곳과 연관 지어 쓰시오.

▲ 사막 여우 　　▲ 북극여우

04 동양의 용과 서양의 용

G·U·I·D·E 문화가 다르면 서로의 생각과 행동이 다를 수 있습니다. 동양에서는 아주 신비하고 신성한 동물로 생각하는 용을 서양에서는 사악하고 인간을 괴롭히는 나쁜 동물로 생각할 수 있습니다.

1 문화가 다르기 때문에

2 ②

G·U·I·D·E 옛날 왕이 있던 시절에 우리는 왕의 얼굴을 '용안', 왕의 옷을 '용포', 왕이 앉는 자리를 '용좌'라고 불렀습니다. 이것은 용이 왕을 상징하였다는 것을 의미합니다.

3 신비롭고 재주가 많은 동물이라고 생각한다.

05 행동은 같아도 의미는 달라요

1 • 우리나라 : 긍정의 표시
  • 그리스 : 부정의 표시

2 나라마다 문화가 서로 다르기 때문에 문화에 따라 사람들의 행동도 다양한 것이다.

G·U·I·D·E 대부분 고개를 위아래로 끄덕이면 긍정의 표시이지만, 그리스나 불가리아에서는 부정의 의미로 받아들인다고 합니다. 같은 행동인데도 서로 다른 의미로 받아들이는 것은 나라마다 사람들이 살아가는 생활 모습 즉, 문화가 다르기 때문입니다.

06 한 시간이 열 시간 같을 때, 열 시간이 한 시간 같을 때

1 시간은 누구에게나, 언제나 똑같다.

G·U·I·D·E 시간은 누구에게나, 언제나 똑같습니다. 1분은 언제나 60초이고, 1시간은 언제나 60분입니다. 그러나 즐거운 일을 할 때는 시간이 빨리 가는 것처럼 느껴지고 지루하고 하기 싫은 일을 할 때는 시간이 느리게 가는 것처럼 느껴질 뿐입니다.

2 • 시간이 빨리 간다고 느낄 때 : 친구들하고 놀 때 / 쉬는 시간 / 점심 시간 / 게임할 때
  • 시간이 느리게 간다고 느낄 때 : 수업 시간 / 소풍날을 기다릴 때 / 운동할 때

07 생각의 차이가 결과의 차이

1 긍정적인 마음으로 일을 했기 때문에 효율도 좋았던 것이다.

2 공부를 할 때에 이 글에 나오는 한 사람처럼 '아, 이제 이만큼 밖에 안 남았네.'라고 생각하며 즐겁게 공부를 해야겠다는 생각을 하게 되었다. 긍정적인 생각이 좋은 결과를 낳는다는 것을 배우게 되었다.

※ 들어가기 전에 – 이 책은 다양한 개성적인 반응과 답변을 유도하는 데 목적이 있으므로, 단 하나의 유일한 정답이 없는 문항들도 많습니다. 그러므로 〈정답의 방향〉을 가늠하는 참고 자료로 활용해 주시기 바랍니다.

week 01
발상사고혁명
비교해 보면 달라요
05 쪽

도비라

G·U·I·D·E '절대적'이라는 것이 비교하거나 상대될 만한 것이 없는 것을 말한다면 '상대적'이란 말은 서로 맞서거나 비교되는 관계에 있는 것을 말합니다. 그림에 나오는 여자 아이는 오른쪽에 있는 남자 아이보다는 작지만 왼쪽에 있는 남자 아이보다는 큽니다. 하지만 그 작고 크다는 것은 오른쪽 남자 아이에 비해 작은 것이고, 왼쪽 남자 아이에 비해 큰 것입니다.

상대적 사고를 하자

01 귀할수록 맛있다?

G·U·I·D·E 만약 다이아몬드가 길거리에 굴러다니는 돌멩이처럼 흔하다면 다이아몬드가 아무리 아름다운 보석이라고 해도 아무도 다이아몬드를 귀하게 생각하지 않을 것입니다. 이처럼 바나나 역시 귀하던 시절에는 귀한 대접을 받았지만 흔해진 지금은 귀한 대접을 받지 못하는 것입니다. 똑같은 물건도, 똑같은 음식도 상대적으로 귀할수록 더 좋게 더 맛있게 느껴지는 것이 사람입니다.

1 비싸고 귀한 과일이었다.

2 값이 싸고 어디서나 쉽게 구할 수 있는 과일이 되었기 때문에

02 김치는 맛있다?

G·U·I·D·E 사는 곳에 따라 먹는 음식이 다르기 때문에 김치를 싫어하는 외국인도 있을 수 있다는 것을 알게 합니다.

1 김치 냄새가 불쾌하기 때문에 / 김치 냄새가 고약하기 때문에 / 김치 냄새를 싫어하기 때문에

2 각 나라 사람마다 좋아하는 음식이 다르기 때문에 / 외국인들 중에는 매운 맛을 싫어하는 사람들이 많기 때문에 / 익숙하지 않은 맛의 음식이기 때문에

03 손으로 먹고 손으로 닦고

G·U·I·D·E 문화란 삶의 양식, 삶의 방법, 즉 사람들의 생활 모습 전체를 말하는데, 문화는 우리가 살고 있는 나라나 지역, 시대에 따라 서로 다양한 모습이 나타납니다. 문화가 다르면 음식을 먹는 방법이나 먹는 음식도 다를 수 있습니다.

1 한국은 음식을 먹을 때 숟가락과 젓가락을 이용하지만 인도는 음식을 먹을 때 도구를 사용하지 않고 오른손을 이용함.

2 문화가 다르기 때문이다.

week 02
교과서 논술 01
마음을 읽어요
13 쪽

내 눈으로 보는 교과서
01 이야기의 내용 간추리기

1 ③

2 ⑤
G·U·I·D·E 며느리는 자신이 방귀를 뀌면 일어날 일을 미리 짐작하고 가족들에게 지시를 한 것입니다.

3 ③, ⑤

4 며느리가 방귀를 뀌어 집 안이 풍비박산이 났기 때문에
G·U·I·D·E 며느리의 방귀 때문에 집 안이 난리가 나자 가족들은 며느리를 친정으로 보내기로 한 것입니다.

5 • 일어난 일 : 며느리가 배나무에다가 방귀를 뀌어 배를 땄다.
 • 일어난 일 : 며느리는 배를 따서 물건을 갈라 받았다.

열린교과서

1

일이 일어난 까닭	일어난 일
에밀이 '나'의 오색 나비가 형편없다고 평가했다.	내가 잡은 나비를 에밀에게 보여 주지 않게 되었다.
에밀이 공작 나방을 잡았다는 소문을 듣고 궁금해서 견딜 수가 없었다.	에밀의 집으로 올라갔다.
나비를 오른손에 움켜쥐고 방을 나오는 순간 아래쪽에서 발걸음 소리가 났다.	훔친 나비를 윗옷 주머니에 쑤셔 넣었다.

02 시에 담긴 마음

1 ③
G·U·I·D·E 일어나기 싫어서 이불을 뚤뚤 말고 있는 모습이 번데기와 비슷하여 '번데기'에 비유한 것입니다.

2 좀 더 잠을 자고 싶은 마음
G·U·I·D·E 이불을 뚤뚤 말고 있는 '나'의 모습에서 더 자고 싶은 마음을 읽을 수 있습니다.

열린교과서

1 ⑤

2 나영
G·U·I·D·E 이 시에 등장하는 '만돌이'는 시험은 걱정 되지만 놀고 싶은 마음이 더 커서 돌멩이로 시험 점수를 점쳐 보는 것입니다.

03 인물의 성격을 생각하며 읽기

1 ⑤

2 ⑤
G·U·I·D·E 인물의 성격은 이야기에 나타난 인물의 말이나 행동, 생각을 주의 깊게 살펴보면 알 수 있습니다. 바위

나리는 친구를 기다리며 우는 것으로 보아 외로움을 많이 타는 성격임을 알 수 있습니다.

3 정이 많고 착하다.
G·U·I·D·E 우는 이를 달래 주려고 울음소리가 나는 곳으로 내려 가는 것으로 보아 정이 많고 착하다는 것을 알 수 있습니다.

4 울음소리가 나는 곳을 찾아 내려갔다.

5 이야기하기, 노래 부르기, 놀이

6 ④

7 바다로 날려 갔다.

8 ④
G·U·I·D·E 빛이 없는 별은 쓸모가 없다고 아기별을 내쫓는 행동을 통해 임금님의 성격이 무섭고 이해심이나 인정이 없음을 알 수 있습니다.

9 ④

10 아기별을 아기나리가 있는 곳으로 보내 주어 둘이 행복하게 잘 살았을 것이다.
G·U·I·D·E 인물의 성격이 바뀌면 이야기의 내용도 달라질 수 있습니다. 임금님의 성격이 자상하고 이해심이 많은 성격이라면 임금님의 말도 자상해지고 행동도 따뜻하게 변할 것입니다.

week 03
독서 클리닉
아낌없이 주는 마음
25쪽

자기 입장에서 읽어요
01 나무와 소년

G·U·I·D·E 《아낌없이 주는 나무》의 첫 부분을 읽고, 진정한 친구의 의미에 대해 생각해 봅니다.

1 나는 겁이 많아서 나무에 올라가지 못한다. 그래서 나무와 함께 논다 하더라도 떨어진 나뭇잎을 줍거나 나무 그늘에서 낮잠을 자는 정도밖에 하지 못할 것이다. 그래서 소년이 나뭇가지에 매달려 그네를 탄 것이 부러웠다. 너무 재미있었을 것 같다.

2 소년아, 난 네가 있어서 너무 기쁘고 행복해. 네가 나이가 들어서도 항상 나를 찾고 나와 함께 하는 시간을 즐겁게 생각했으면 좋겠어.

3 ① 김준호
② 준호도 나처럼 축구를 좋아한다. 그래서 체육 시간이나 수업이 끝나고 운동장에서 같이 축구를 할 때가 제일 즐겁고 신난다.
③ 준호야, 나는 네가 너무 좋아. 앞으로도 4학년, 5학년 아니 어른이 될 때까지 계속 쭉 나랑 친한 친구로 남아 주었

으며 좋겠어. 네 옆에는 항상 이 든든한 친구가 있다는 사실을 잊지 마. 푸하하.

02 주기만 하는 나무 받기만 하는 소년

1 어느 날 어른이 된 소년이 나무를 찾아와서 사과를 따서는 가지고 가 버렸습니다. 그리고 또 한참 만에 찾아온 소년은 집을 짓기 위해서 나뭇가지를 몽땅 베어갔습니다. 그래도 나무는 소년에게 도움을 줄 수 있어서 행복했습니다.
오래도록 오지 않던 소년이 중년의 아저씨가 되어 다시 찾아 왔습니다. 그런데 이번에는 멀리 떠날 배를 만들기 위해 나무를 모두 베어갔습니다.
그래서 나무는 행복했지만, 정말 그런 것은 아니었습니다.

2 필요할 때만 찾아오고, 필요하지 않을 때는 나무가 외롭든 말든 신경도 쓰지 않는 소년은 정말 나쁘다. 나라면 아낌없이 주는 나무처럼 행복하다고 생각하지도 않았을 것이고, 소년이 얄미워서 아무것도 주지 않았을 것이다.

03 다시 돌아온 소년과 행복해진 나무

G·U·I·D·E 《아낌없이 주는 나무》의 결말 부분을 읽고, 아무 대가 없이 남에게 뭔가를 해 주지 않는 요즘 사람들과 나무의 행동을 비교해 봅니다.

1 ① 얼마 전에 감기에 걸려서 밤새도록 끙끙 앓았는데 엄마가 한잠도 안 주무시고 간호를 해 주셨다.
② 너무 아프기도 했고, 그냥 엄마니까 그렇게 하는 것이 당연하다고 생각해서
③ 처음에는 당연하다고 생각했는데 다음날 핼쑥해진 엄마 얼굴을 보고 고맙고 미안한 마음이 들었다.
④ 엄마, 항상 저를 잘 보살펴 주셔서 정말 고마워요. 늘 엄마에게 든든한 힘이 되는 예쁜 딸(아들)이 되도록 노력할게요.

2 학원에 올 때 마을버스를 타고 온다. 오늘도 학원 시간이 늦어서 급하게 정류장에 있는 마을버스에 올라타고 버스가 출발했는데 너무 서둘러서 나오느라고 돈을 안 갖고 나왔다는 사실을 알았다. 그때 매일 타는 나를 알아보신 버스 기사 아저씨께서 내일 탈 때 내라고 하시며 웃어 주셔서 너무 고마웠다.

한 걸음 더
어린이 산타

G·U·I·D·E 불우한 어린이들을 돕기 위해 앞장 선 미국의 매켄지라는 소녀의 선행에 대한 글을 읽고, 자기의 생각을 말해 봅니다.

1 어린 나이에 아무리 불쌍한 아이들을 봤어도 그런 생각을 하기가 쉽지 않을 텐데 매켄지는 정말 대단해요. 그렇지만 매켄지가 불우한 어린이들에게 선물을 보낼 수 있도록 기부금을 내거나 인형을 기증한 사람들도 함께 칭찬 받아야 한다고 생각해요.

독서 클리닉 plus
아낌없이 주는 나무를 읽고

G·U·I·D·E 친구의 독후감을 읽고, 잘 쓴 부분과 부족한 부분을 생각할 수 있다.

1 책을 읽고 느낀 점이 잘 나타나 있고, 책의 내용에서 한걸음 나아가 부모님의

사랑까지 생각할 수 있었기 때문에 잘 쓴 독후감이라고 생각합니다. 그러나 책의 내용에 대한 설명도 조금은 들어가 주었으면 더 좋았을 것 같습니다.

2 부모님께 마음이 담긴 편지를 써 봅니다.

week 04
교과서 논술 02
이렇게 해 봐요
35 쪽

내 눈으로 보는 교과서
01 안내하는 말을 듣는 방법

1 ④

2 ㉠ : 언제
㉡ : 어디에서
㉢ : 누가
㉣ : 무엇을

열린교과서

1 선생님께서 안내하는 말을 하실 때에는 주의 깊게 집중해서 들어야 해.
G·U·I·D·E 안내하는 말을 들을 때에는 딴 짓을 하거나 딴 생각을 하지 않고 집중해서 듣고 중요한 내용을 간단히 적어 둡니다.

02 국어사전을 찾는 방법

1 ②

2 꺾
G·U·I·D·E '으면, 기, 지, 고, 을'은 변하는 부분이고, '꺾'은 변하지 않는 부분입니다.

3 꺾다.
G·U·I·D·E 기본형을 만드는 방법은 낱말에서 변하지 않는 부분에 '-다'를 붙이는 것입니다.

열린교과서

1 낱말의 뜻과 쓰이는 예, 발음, 품사, 다른 말과의 관계
G·U·I·D·E 국어사전에는 낱말의 뜻과 쓰이는 예, 발음, 품사, 다른 말과의 관계 등이 실려 있습니다.

2 어휘력이 향상된다. / 낱말의 뜻을 정확하게 알고 쓸 수 있다. / 낱말과 낱말 사이의 관계를 알 수 있다.
G·U·I·D·E 국어사전을 가까이하고 늘 찾아보는 습관을 가지면 어휘력이 향상되고 정확한 어휘를 사용할 수 있습니다.

03 낱말의 뜻을 찾아라

1 ④

2 (1) ㉠ → 놓다.
  (2) ㉡ → 담그다.
G·U·I·D·E '놓으셨다.', '담그신다.'는 모두 모양이 변하는 낱말입니다. 모양이 변하는 낱말은 모양이 변하지 않는 부분에 '-다'를 붙여 기본형을 만듭니다.

3 ④

4 (1) ― ㉢, (2) ― ㉡, (3) ― ㉠

5 (㉠) → (㉢) → (㉡) → (㉣) → (㉤)

뛰어넘자 교과서
우리말과 영어는 어떻게 다른가

1 (1) **우리말** : 주어 – (목적어) – (서술어)
  (2) **영어** : 주어 – (서술어) – (목적어)

2 한국말은 서술어가 가장 나중에 나오기 때문에 말을 끝까지 듣지 않고 단정지으면 끝에 생각했던 것과 다른 내용이 나올 수도 있어서 '한국말은 끝까지 들어보아야 안다'는 말이 나온 것이다.

week 05
영재 클리닉 01
점점 빨라지고 좁아지는 세상
43쪽

도비라
G·U·I·D·E 자전거는 연료가 없이도 이용할 수 있어서 환경오염을 일으키지 않지만 큰 물건을 옮기기 힘들고 사람의 힘이 많이 들지. 승용차는 이동이 편리하고 무겁고 큰 물건도 쉽게 이동할 수 있는 장점이 있지만 연료가 없으면 이동할 수 없고 환경오염을 일으키지.

교과서 탐구
01 이동과 의사소통 수단의 발달

1 ⑤
G·U·I·D·E 이동 수단과 의사소통 수단의 발달 과정을 알아보는 방법은 박물관 견학하기, 인터넷에서 자료 검색하기, 부모님께 여쭈어 보기, 백과사전이나 관련된 책 찾아보기 등 다양한 방법이 있습니다. 이동 수단과 의사소통 수단을 직접 이용하는 것으로 발달 과정을 알기는 어렵습니다.

2 (㉡) → (㉣) → (㉠) → (㉢)

3 다른 나라를 빠른 시간 안에 갈 수 있게 되었다.
G·U·I·D·E 항공 이동 수단의 발달로 이동 시간이 줄어들었고, 먼 거리까지 편리하게 이동할 수 있으며 많은 사람이 함께 이용할 수 있습니다.

4 먼 곳까지 쉽게 갈 수 있게 되었다. / 전국이 일일생활권이 되었다.
G·U·I·D·E 이동 수단의 발달로 먼 곳까지 쉽게 갈 수 있게 되었고 전국이 하루 만에 볼일을 끝내고 되돌아올 수 있는 일일생활권이 되었으며 주말 여행이나 해외 여행 등을 즐기는 등의 다양한 여가 활동을 할 수 있게 되었습니다.

5 파발, 봉수
G·U·I·D·E 옛날의 통신 방법에는 봉수제와 파발이 있었는데, 봉수의 봉이란 홰에 불을 켜서 서로 알게 하는 것으로 밤에 썼고 나무에 불을 피워 그 연기를 서로 바라보게 하는 수는 낮에 썼습니다. 그러나 구름이나 안개가 끼는 날씨에는 의사소통이 힘들었고 정확성도 떨어졌습니다. 파발 역시 말을 타고 가거나 직접 걸어가는 것이라 시간이 많이 걸리는 등의 불편한 점이 많았습니다.

6 • ㉠ : 시간
 • ㉡ : 전화, 휴대 전화, 팩시밀리, 인터넷

7 ③

8 먼 곳까지 편하게 이동할 수 있다. / 다른 고장이나 세계 여러 곳을 여행할 수 있다.
G·U·I·D·E 오늘날 우리가 이용하는 이동 수단은 여러 가지 장점이 있습니다. 먼 곳까지 편하고 빠르게 이동할 수 있고, 다른 고장이나 세계 곳곳을

여행할 수 있고, 고장 간의 교류가 늘어나 필요한 것도 쉽게 빨리 구할 수 있습니다.

9 익명이기 때문에 인터넷 예절을 지키지 않고 거친 말을 하거나 다른 사람에게 상처를 주는 말을 하는 경우가 많음.

G·U·I·D·E 오늘날 의사소통 수단은 급속도로 발전하여 멀리 떨어진 곳에 있는 사람과도 이야기를 할 수 있고 필요한 정보를 인터넷을 통해 쉽고 편리하게 구할 수 있습니다. 그러나 개인 정보를 이용한 범죄가 늘어나고 인터넷 예절을 지키지 않아 피해를 보는 사람들도 나타나고 있습니다.

Step by Step
01 전국 2시간 대의 생활 혁명

1 2시간 40분 만에 서울에서 부산을 갈 수 있게 되었다.

G·U·I·D·E 고속 철도의 개통으로 부산에서 서울까지 빠른 시간에 오갈 수 있게 되었고, 서울로 출퇴근 할 수 있는 지역이 늘어났습니다.

2 교통사고가 늘어나고 있다.

G·U·I·D·E 교통수단이 점점 빨라지면서 교통사고가 늘어나고 사람들은 점점 빨리 이동하는 것에만 집중하여 이동하는 동안 보고 느끼는 즐거움을 놓치고 있습니다.

02 물 위를 달리고 하늘을 달리는 자동차

1 • 아쿠아다 : 길이 막힐 때 물 위로 달릴 수 있다.

• 스카이카 : 비행기를 타지 않고 다른 나라에 갈 수 있다.

G·U·I·D·E 시속 100km까지 4.5초에 도달할 수 있는 스카이카는 200m 미만의 활주로만 있어도 이륙이 가능합니다. 도로를 달리다 간단하게 비행 모드로 전환해 시속 110km가 넘는 속도를 바람을 가를 수 있는 점이 이 자동차의 장점이자 특징입니다. 아쿠아다는 자동차에서 보트로 변신이 가능한 수륙양용 자동차로, 육지에서도 달릴 수 있고 물 위도 달릴 수 있다는 특징이 있습니다.

2 • 아쿠아다 : 물이 오염될 것이다.

• 스카이카 : 하늘도 도로처럼 복잡해질 것이다.

G·U·I·D·E 우리의 삶에 커다란 변화를 가져다 준 자동차가 많은 좋은 점과 함께 문제점을 안고 있는 것처럼 아쿠아다와 스카이가도 물의 오염이나 대기 오염, 도로 뿐만 아니라 물과 하늘도 교통 혼잡을 일으킬 가능성이 있습니다.

03 천상의 계단

1 우주를 오고가는 사람들이 많아지고 화물도 점점 늘어나면 우주왕복선만으로 그 역할을 다하기 힘들기 때문에

G·U·I·D·E 우주 엘리베이터는 건물에 있는 엘리베이터처럼 승강기를 오르내리게 하는 튼튼한 줄(지지대)과 동력이 필요합니다. 오랫동안 과학자들이 우주 엘리베이터에 관심을 두지 않았던 이유도 3만~10만 여km 높이까지 버틸 수 있는 줄이 없었기 때문입니다. 하지만 탄소 나노튜브가 개발되고 발전을 거듭하면서 비로소 현실화의 문이 열리

기 시작했습니다. 전문가들은 빠르면 10년, 길면 50년 이후에는 우주 엘리베이터가 완성될 것으로 봅니다.

2 좋은 점 : 우주 여행이 쉬워진다.
　나쁜 점 : 우주도 오염될 것이다.

week 06
교과서 논술 03
함께 사는 세상
51 쪽

내 눈으로 보는 교과서
01 원인과 결과를 찾아라

1 ④

2 욕심쟁이 할아버지는 아기가 되었다.
　G·U·I·D·E 욕심쟁이 할아버지는 젊어지는 샘물을 너무 많이 마셔서 아기가 되었습니다.

3 ④

4 욕심쟁이 할아버지는 젊어지는 샘물을 너무 많이 마셨습니다. 그래서 아기가 되었습니다.
　G·U·I·D·E 욕심쟁이 할아버지가 겪은 일을 원인과 결과가 드러나게 말할 때 '그래서'로 연결하여 말하면 좋습니다.

02 이야기의 흐름에 따라 간추리기

1 ④

2 (㉠) → (㉢) → (㉣) → (㉡)

3 글 (나)는 토끼가 경주 중간에 낮잠을 잤다는 중요한 내용을 빠뜨리지 않고 썼고, 글 (다)는 토끼가 경주 중간에 낮잠

을 잔 내용을 빠뜨리고 썼다.
G·U·I·D·E 글 (나)는 일이 일어난 순서에 맞게 잘 간추린 글이고, 글 (다)는 거북이 경주에서 이긴 원인에 해당하는 토끼가 낮잠을 잔 사실이 빠져 있습니다.

열린교과서

1 (ㄷ) → (ㄴ) → (ㄹ) → (ㅁ) → (ㄱ)

03 글의 흐름을 따라라

1 ②

2 • 물 준 화분 – 콩에 싹이 튼다.
  • 물 안 준 화분 – 콩에 싹이 트지 않는다.

3 ⑤
  G·U·I·D·E 손수 키운 콩나물을 이웃들에게 나누어 주는 모습에서 할머니가 인심이 좋고 마음이 따뜻한 분이라는 것을 알 수 있습니다.

4 물 안 준 화분에 물을 주려고

5 ⑤
  G·U·I·D·E 병태와 유리의 대화를 통해 ㉠'나쁜 짓'은 물 안 준 화분에 물을 주는 것임을 알 수 있습니다.

6 콩을 살리려고

7 '물 안 준 화분'의 콩도 싹을 틔워서
  G·U·I·D·E 선생님께서 ㉢과 같이 말하며 당황한 까닭은 '물 안 준 화분'의 콩이 싹을 틔웠기 때문입니다.

8 ④

9 식물을 사랑하는 병태의 마음을 알게 되어서

G·U·I·D·E 생명을 소중하게 여기는 병태의 마음이 이해가 되고 기특하게 느껴졌기 때문에 그런 말을 쓴 것입니다.

10 • 가람 : 병태의 행동은 잘못된 행동이다.
   • 한결 : 병태의 행동은 잘못된 행동이 아니다.

week 07
영재 클리닉 02
동물들의 생김새엔 이유가 있다
61쪽

도비라
G·U·I·D·E 갈라파고스는 크고 작은 섬 열여섯 개가 모인 섬이야. 이곳에 사는 핀치는 처음에는 대륙에서 사는 핀치와 비슷한 모습이었지만, 대륙과 떨어진 이곳에서 살아가면서 환경이나 기후, 먹이에 따라 점점 모습이 변했어. 핀치의 부리가 먹이에 따라 다른 까닭은 먹이를 먹을 수 있도록 환경에 적응을 했기 때문이지.

교과서 탐구
01 왜 그렇게 생겼을까?

1 ④
G·U·I·D·E 호랑이와 기린은 다리가 4개이고, 꼬리가 있으며 몸이 털로 덮여 있다는 공통점을 가지고 있습니다.

2 ⑤
G·U·I·D·E 호랑이, 기린, 개구리, 게와 상어, 게로 분류할 수 있는 기준은 '다리의 유무'입니다. 상어와 뱀의 공통점은 다리가 없다는 것이고, 호랑이, 기린, 개구리, 게의 공통점은 다리가 있다는 것이기 때문입니다.

3

분류 기준		동물
사는 곳	땅	호랑이, 기린, 뱀
	물	상어, 게
다리의 유무	다리가 없는 동물	뱀, 상어
	다리가 있는 동물	호랑이, 기린, 게

G·U·I·D·E 호랑이, 기린, 뱀, 상어, 게를 사는 곳에 따라 분류할 수도 있고, 다리의 유무에 따라 분류할 수도 있습니다. 또 몸 표면의 특징, 몸의 크기로 분류할 수도 있습니다. 기준을 정하고 기준에 맞게 동물을 분류해 봅니다.

4 ②
G·U·I·D·E 매의 튼튼하고 끝이 갈고리처럼 휘어진 부리가 고기를 찢기에 알맞습니다.

5 먹이의 종류

6 ④
G·U·I·D·E 북극 여우는 열의 손실을 방지하기 위하여 귀가 작습니다.

7 사는 곳의 온도가 다르기 때문에
G·U·I·D·E 북극여우와 사막 여우는 사는 곳의 온도 차이 때문에 생김새가 다른 것입니다.

8 몸을 물에 담가도 눈과 코를 물 밖으로 내놓아 숨을 쉴 수 있고 볼 수 있어 사냥에 유리하기 때문에

Step by Step
01 기린은 왜 목이 길까요?

1 목이 긴 기린은 먹이를 잘 먹는 반면 목이 짧은 기린은 먹이를 잘 먹지 못해 목

이 긴 기린만 남게 되었기 때문에 현재는 목이 긴 기린만 있는 것이다.

G·U·I·D·E 목이 긴 까닭에 대해서는 두 가지 학설이 있습니다. 한 가지는 생존경쟁과 자연 선택에 의해서 목이 긴 쪽의 자손만이 살아남아 오늘날의 기린과 같은 모습이 되었다는 다윈의 학설과, 점차 높은 곳에 있는 어린 나뭇잎을 먹으려고 애쓴 결과 지금과 같이 긴 목을 가지게 되었다는 라마르크의 학설입니다. 하지만 두 이론 모두 기린의 목이 길어진 이유를 충분히 설명하지 못합니다. 그러므로 이런 학설이 있다는 것만 알게 합니다.

2 높은 곳에 있는 먹이를 먹으려고 목을 계속 뻗다 보니 목이 길어졌다.

02 낙타는 왜 혹을 달고 있을까?

1 물과 먹이가 부족하고 모래 바람이 많이 분다.

G·U·I·D·E 낙타가 살고 있는 사막은 물과 먹이가 부족하고 낮과 밤의 온도차가 크며 그늘이 별로 없습니다. 그리고 모래가 많습니다.

2 낙타의 혹 속에 지방이 저장되어 있어서 그 지방 때문에 오랫동안 물을 먹지 않고도 견딜 수 있는 것이다.

G·U·I·D·E 낙타가 사막에서 오랫동안 물을 먹지 않고도 잘 견딜 수 있는 까닭은 혹 속에 지방을 저장하여 물을 대신하기 때문입니다.

03 코끼리는 왜 귀를 펄럭일까?

1 큰 귀 바퀴와 젖지 않는 고무 같은 피부

G·U·I·D·E 코끼리는 땀샘도 없고 털도 별로 없어요. 코끼리 몸을 보면 드문드문 가시 같은 털면 몇 개 나 있을 뿐입니다. 그 대신 체온 조절이 가능한 펄럭이는 큰 귀 바퀴와 더우면 아무 물에 들어가도 젖지 않는 고무 같은 피부를 가졌습니다.

2 코끼리는 높아진 체온을 조절할 수 있는 땀샘이 없기 때문에 체온을 조절하기 위해서 귀로 부채질을 하는 것이다.

04 고양이는 왜 수염이 많을까?

1 주변 물체의 위치를 알 수 있다.

G·U·I·D·E 고양이의 입 주위, 턱밑, 윗입술, 뺨, 눈 위에는 긴 수염이 나 있습니다. 이 수염을 '감각모'라고 하는데 매우 예민한 감각을 지니고 있어서 이 수염으로 주변 물체의 위치를 알 수 있고, 자신이 있는 위치나 장소도 판단할 수 있습니다.

2 방향과 위치를 잘 알지 못해 정상적인 생활을 할 수 없다.

week 08
논술 클리닉
텔레비전을 꺼라
71쪽

내 눈으로 보는 교과서
텔레비전과 신문, 뭐가 달라?

G·U·I·D·E 두 대상을 비교하여 공통점을 글로 쓸 수 있도록 합니다.

1. • 텔레비전 : 사건·사고 새로운 소식을 알 수 있다. / 내가 살지 않는 곳에서 벌어지는 다른 사람의 일에 대해서 알 수 있다. / 드라마나 영화, 오락, 교양 프로그램 움직임이 있는 것을 볼 수가 있다. / 텔레비전 수상기와 함께 전기가 있어야만 볼 수 있다. 등
   • 신문 : 사건·사고나 새로운 소식을 알 수 있다. / 내가 살지 않는 곳에서 벌어지는 다른 사람의 일에 대해서 알 수 있다. / 모든 것은 글과 사진, 그림들로 전달한다. / 종이만 있으면 알리려는 모든 것을 알릴 수 있다. 등

2. • 공통점 – 사건·사고나 새로운 소식을 알 수 있다. / 내가 살지 않는 곳에서 벌어지는 다른 사람의 일에 대해서 알 수 있다. 등
   • 차이점 – 신문 : 신문 하나만 있으면 알고 싶은 것을 알 수 있다. / 직접 선택해서 읽고 싶은 부분만 읽을 수 있다. / 사 두었다가 나중에 봐도 된다. 등
   TV : TV 수상기와 전기가 있어야만 볼 수 있다. 전파를 통해 일방적으로 들려준다. / 보고 싶은 것이 하는 시간을 놓치면 다시 보기가 힘들다. 등

3. 사람은 혼자서 살 수 없다. 그렇기 때문에 다른 사람들에게 어떤 일이 일어나고 있는지 알 수 있도록 해 주는 텔레비전이나 신문은 정말 중요한 것이다.
   텔레비전과 신문은 사건·사고나 새로운 소식을 알게 해 주고, 내가 살지 않는 곳에서 벌어지는 다른 사람의 일에 대해서 알 수 있게 해 준다는 공통점이 있다. 그러나 텔레비전과 신문은 공통점 뿐 아니라 많은 차이점도 있다.
   우선 텔레비전은 텔레비전 수상기와 전기가 있어야만 볼 수 있다. 그리고 전파를 통해 우리가 알고 싶은 사실만 알려 주는 것이 아니라 일방적으로 보여 주고 들려준다. 또 뉴스 뿐 아니라 드라마나 영화, 오락, 교양 프로그램 등 움직임이 있는 것을 볼 수가 있다는 장점은 있는데, 만약 보고 싶은 것이 하는 시간을 놓치면 다시 보기가 힘들다.
   신문은 알리고 싶은 것을 글과 사진, 그림들로 바꿔 종이 위에 표현하기 때문에 텔레비전에 비해 재미가 없을지 모르지만 신문 하나만 있으면 장소 시간의 제약을 받지 않고 언제든지 원하는 정보를 얻을 수 있다는 장점이 있다. 그리고 읽고 싶은 부분만 골라서 읽을 수도 있다.

논술 에너지를 쌓아라
01 안 들리니?

G·U·I·D·E 텔레비전을 보느라고 정신이 팔려서 엄마가 부르시는 소리도 못 듣고 있는 어린이들의 모습을 그린 만화를 보며 자신의 텔레비전 시청 습관을 되돌아 봅니다.

1 학원 때문에 하루에 2시간 정도밖에 못 봐요. 그렇지만 토요일이나 일요일은 아주 오래 많이 봐요.

2 '스펀지'는 꼭 봐요. 출연자들이 문제를 맞힐 때 같이 맞히면 정말 재미있어요, 엄마, 아빠랑 누가 많이 맞히나 시합을 한 적도 있어요.

02 TV를 끄면 삶이 살아난다

G·U·I·D·E 미국의 시민 단체 'TV 네트워크'에서 주관하는 'TV 안 보기 운동'을 소개한 글을 읽고, 지나친 TV 시청의 안 좋은 점과 'TV 안 보기 운동'을 실천할 수 있는 방법을 알 수 있습니다.

1 TV를 많이 보면 뚱뚱해지고 사람과 사귀는 대인관계 능력이 떨어져서, 아주 어린 나이에 TV를 시청한 어린이는 학교 갈 나이가 됐을 때 '주의력 결핍장애'가 생길 위험이 높아진다. 또, TV에 빠지면 독서나 취미 생활을 할 시간을 너무 많이 빼앗긴다.

2 여행 가기, 공원 산책하기, 야구장 가기, 할머니 할아버지 찾아 뵙기 등

03 TV 시청 선서문

1 **G·U·I·D·E** TV 시청 선서문을 읽고, 올바른 시청 방법을 생각해 봅니다.

2 TV를 켜놓은 상태에서 게임이나 숙제를 하지 않는다. / TV에 나오는 욕설을 따라 하지 않는다. / TV 광고를 본 후 부모님께 사 달라고 조르지 않는다.

3 동물의 세계, 우주의 신비 등은 움직임을 직접 눈으로 볼 수 있어서 좋다. / 퀴즈 프로도 책으로 푸는 문제보다 긴장감이 있어서 좋다. / 직접 가지 않아도 먼 곳에 사는 사람들의 생활을 알 수 있어서 좋다.

4 별 자리와 우주의 신비를 다룬 프로그램을 만들고 싶어요.

신나는 논술
TV, 어떻게 볼 것인가?

미국의 한 학회에서는 어린이가 TV를 많이 보면 뚱뚱해지고 친구를 사귀기가 힘들어지고, 아주 어린 나이에 TV를 많이 시청한 어린이는 학교 갈 나이가 됐을 때 '주의력 결핍 장애'가 생길 위험이 높아진다는 연구 결과를 발표했다고 한다.

왜 그렇게 되는 것일까? 내 경우를 가만히 생각해 보면 TV를 보는 동안에 아무 생각 없이 멍하게 보는 경우가 많은 것 같다. 그렇기 때문에 어른들이 TV를 많이 못 보게 하는 것 같다. 그렇지만 우리가 정말 TV를 보지 않고 살 수 있을까? 요즘과 같이 살아가는데 많은 정보가 필요한 세상에 절대로 그럴 수는 없다고 생각한다. 그러면 우리는 어떻게 해야 할까? 방법은 한 가지다. 세 살 버릇이 여든까지 간다는 말이 있다. 그러니까 어릴 때부터 TV를 올바르게 보는 습관을 기르는 것이다. TV를 볼 때 그냥 아

무 생각 없이 멍하게 보지 않고 계획을 세워서 보는 것이다. 앞에서 본 'TV 시청 선서문' 같은 것을 활용하는 것도 좋은 방법이라고 생각한다.

TV는 잘 활용한다면 우리가 직접 경험해 보지 못한 많은 것들을 알 수 있게 해 주고, 우리가 살아가는데 필요한 많은 정보를 주는 좋은 친구가 될 것이라고 생각한다.

week 09 신통방통 서술형 논술형
81쪽

국어 술술
01 마음으로 보아요

1 짝꿍 한결이가 돼지고기 튀김을 먹으면 살이 찐다고 놀렸다.
G·U·I·D·E 지원이는 짝이 돼지고기 튀김을 먹으면 살이 찐다고 하여 음식을 남긴 것입니다.

2 손톱을 깨무는 버릇
G·U·I·D·E 지원이는 음식을 남겨 선생님께 꾸중을 듣고 손톱을 깨물었고 그것이 버릇이 되었습니다.

3 (1) (가) : 일기
  (2) (나) : 동시

4 (가) : 내 생활이나 경험과 관련지어 쓸 수 있다.
  (나) : 생각이나 느낌을 짧고 재미있는 말로 표현할 수 있다.
G·U·I·D·E 글 (가)는 '소가 된 게으름뱅이'를 읽고 읽기 형식의 독서 감상문을 쓴 것입니다. 일기 형식으로 독서감상문을 쓰면 내 생활이나 경험과 관련지어 쓸 수 있어 좋습니다. 그리고 글 (나)는 '소가 된 게으름뱅이'를 읽고, 생각이나 느낌을 시로 재미있게 표현하였습니다. 시로 독서 감상문을 쓰면 생각이나

느낌을 짧고 재미있는 말로 표현할 수 있습니다.

5 '오늘은 누가 꼭 와 주겠지!' 하며 기다리다 아무도 오지 않자 큰 소리로 욺.
G·U·I·D·E 바위나리가 친구를 기다리다 아무도 오지 않자 큰 소리로 우는 것으로 보아 외로움을 많이 타고 겁이 많다는 것을 알 수 있습니다.

6 저는 잘못한 것이 없습니다. 외로운 바위나리의 친구가 되어주었을 뿐인데 나가라고 하시면 저는 억울합니다. 나가지 않겠습니다.
G·U·I·D·E 만약 아기별이 겁이 없고 어른의 말을 잘 듣지 않는 성격이라면 임금님에게 솔직하게 이야기를 하고 바위나리를 만나러 갔을 것입니다.

02 이렇게 하면 돼요

1 모둠 신문에 쓸 내용
G·U·I·D·E 글 (가)에서 선생님은 모둠 신문 만들기에 대해 안내하고 있습니다.

2 중요한 내용은 적지 않고 불필요한 내용만 적었다.
G·U·I·D·E 안내하는 말을 적을 때에는 중요한 내용만 낱말 중심으로 간단히 적어야 합니다. 그런데 현중이는 중요한 내용은 빠뜨리고 중요하지 않은 것만 적었습니다.

3 물을 아껴 쓰는 방법에는 여러 가지가 있습니다.
G·U·I·D·E 중심 문장은 문단의 내용을 대표할 수 있는 문장으로 문단의 맨 처음이나 끝에 많이 나옵니다. 이 글의 중심 문장은 맨 앞에 있습니다.

4 ㈀은 중심 내용인 '물을 아껴 쓰는 방법'과 관련이 없기 때문에
G·U·I·D·E ㈀은 물을 아껴 쓰는 방법이 아니라 전기를 절약하는 방법이라 이 글의 뒷받침 문장으로 어울리지 않습니다.

5 설거지를 할 때에 세제를 조금만 쓴다. / 빨래를 할 때 가루비누를 조금만 넣는다.
G·U·I·D·E 물을 아껴 쓰는 방법 중 하나를 제시합니다.

6 (1) ㉠ 삶은 – (삶다.)
 (2) ㉡ 따뜻한 – (따뜻하다.)
 (3) ㉢ 놓습니다. – (놓다.)
G·U·I·D·E 낱말의 기본형은 낱말의 변하지 않는 부분에 '–다'를 붙여 만듭니다.

7 잡균을 없애 준다. / 냄새를 제거하여 준다.

03 함께 사는 세상

1 젊은이로 변하였다.
G·U·I·D·E 착한 할아버지는 이상한 샘물을 마신 것이 원인이 되어 젊은이로 변하였습니다.

2 (1) 원인 : 샘물을 많이 마셨다.
 (2) 결과 : 아기가 되었다.
G·U·I·D·E 욕심쟁이 할아버지는 샘물을 지나치게 많이 마셔서 아기가 되었습니다.

3 (1) ㉠ 고쳐 쓰기 : 생신
   ㉡ 고쳐 쓰기 : 드릴
 (2) 고쳐 써야 하는 까닭 : 높임말을 써야 하는데 반말을 썼기 때문에

G·U·I·D·E 어머니는 어른이므로 '생일' 대신 '생신', '줄' 대신 '드릴'이라는 높임말을 써야 합니다.

4 • 가르지 → 가리지
• 적은 → 작은

5 병태가 아무도 모르게 '물 안 준 화분'에 물을 주는 것을 유리에게 들킴.

6 나는 병태의 행동이 잘못한 일이라고라고 생각한다. 왜냐하면 과학 실험을 망쳤기 때문이다. / 나는 병태의 행동이 잘못한 일이 아니라고 생각한다. 왜냐하면 생명을 소중하게 여긴 병태의 마음이 예쁘기 때문이다.

사회 술술
01 고장 생활의 중심시

1 더 나은 생활을 위해 필요한 것
G·U·I·D·E 우리가 살아가는 데에는 크게 생활에 꼭 필요한 것과 더 나은 생활을 위해 필요한 것이 있습니다. 의생활, 식생활, 주생활이 꼭 필요한 것이라면, 여가 생활과 문화생활은 있으면 더 좋은 것이라 할 수 있습니다.

2 여가 활동으로 피로와 스트레스를 풀면 건강에도 도움이 되고, 일이나 공부도 더 잘 할 수 있다.
G·U·I·D·E 여가 활동이란 일과 공부에서 벗어난 자유로운 시간에 운동, 취미 생활을 즐기는 것으로 몸과 마음의 피로를 풀고 생활의 활력을 얻을 수 있습니다.

3 교통이 편리한 곳에 위치해 있다. / 아파트나 주택이 많아 사람들이 많다.

G·U·I·D·E 경제 중심지에는 생활하는 데 필요한 것을 사고파는 곳이 모여 있습니다. 경제 중심지는 교통이 편리하고 사람이 많이 모이며 운반이 편리한 곳에 위치해 있고, 아파트나 주택이 많아 사람이 많습니다.

4 많은 사람들이 모이는 곳에서 물건을 사고팔기 위해서 / 오가는 사람들의 편리를 위하여
G·U·I·D·E 기차역과 버스 터미널은 다른 고장과 연결하기 좋은 곳에 있고, 주변에는 오가는 사람들의 편리를 위하여 많은 상점들이 있습니다.

5 고장마다 자연환경과 인문 환경이 달라서 그에 따른 생산물과 문화 시설에 차이가 있기 때문에 교류를 통해 서로 도움을 주고받아야 한다. / 생활에 필요한 물건을 우리 고장에서 모두 생산할 수 없기 때문에 다른 고장과 서로 주고받아야 한다.

6 교통 시설과 교통수단의 발달

7 (1) ㉠ : 답사하기
(2) ㉡ : 보고서 작성하기
G·U·I·D·E 답사 계획을 세운 후에는 직접 답사를 하고 답사한 자료를 정리한 다음에는 보고서를 작성합니다.

8 사람들이 재래시장과 대형 마트에 오는 이유 / 사람들이 재래 시장보다 대형 마트를 더 많이 찾는 이유
G·U·I·D·E 재래시장과 대형 마트를 답사 장소로 정했을 때 기준이 무엇이 될지 생각해 봅니다. 재래시장과 대형 마트의 공통점이나 차이점을 생각하여 그 기준을 정하는 것이 좋습니다.

02 이동과 의사소통

1 아주 빠르고 편리하게 다른 곳으로 이동할 수 있게 되었다. / 많은 짐을 빠르고 편리하게 옮길 수 있게 되었다.
G·U·I·D·E 한꺼번에 많은 짐을 실을 수 있고, 빠르게 움직이는 교통 수단이 발달하면서 우리의 생활 공간이 넓어졌습니다. 먼 거리에 있는 직장에 매일 출퇴근을 할 수 있게 되었고, 아주 편리하게 다른 곳으로 이동도 할 수 있게 되었습니다.

2 다른 나라로 여행을 가기가 어려워진다. / 다른 나라로 여행을 갈 때 시간이 많이 걸린다.
G·U·I·D·E 사람들이 비행기를 이용하는 이유가 무엇인지 생각해 보고, 비행기의 장점을 생각해 보면 비행기가 사라졌을 때의 사람들의 생활을 짐작해 볼 수 있습니다.

3 멀리 떨어져 있는 사람과 소식을 주고받는 데 오랜 시간이 걸린다. / 편지를 많이 쓰게 될 것이다.
G·U·I·D·E 전화가 있어서 멀리 있는 사람과 빠르게 소식을 주고받을 수 있게 되었다.

4 전국 일일생활권이 되었다. / 다양한 여가 활동을 할 수 있게 되었다.
G·U·I·D·E 이동 수단의 발달로 먼 곳까지 쉽게 갈 수 있게 되었고 전국이 일일생활권이 되었습니다. 그리고 그로 인해 다양한 여가 생활을 할 수 있게 되었습니다.

5 멀리까지 빠르게 소식을 전하기가 어렵다. / 정확성이 떨어진다.
G·U·I·D·E 연기나 불빛으로 소식을 전할 때의 문제점과 사람이 직접 걷거나 말을 타고 달려서 소식을 전하는 것의 한계점이 무엇인지 생각해 봅니다.

6 외국 친구에게 편지를 보낼 수 있다. / 휴대 전화로 언제 어디서나 멀리 떨어진 곳에 있는 사람과 대화할 수 있게 되었다. / 팩시밀리로 필요한 문서를 즉시 보낼 수 있게 되었다.

과학 술술
01 액체와 기체의 부피

1 담는 그릇에 따라 모양이 달라진다.
G·U·I·D·E 액체는 일정한 모양이 없기 때문에 담는 그릇에 따라 모양이 달라진다는 것을 병과 컵에 따라 모양이 다른 것을 통해 알 수 있습니다.

2 눈금 실린더를 사용하면 비커를 사용할 때보다 액체의 부피를 정확하게 측정할 수 있다.
G·U·I·D·E 눈금 실린더와 비커는 투명하며 원통이고 눈금이 표시되어 있다는 공통점이 있지만 눈금실린더가 비커보다 모양이 가늘고 길며, 눈금이 촘촘하게 표시되어 있어 비커에 비해 액체의 부피를 정확하게 측정할 수 있습니다.

3 우유의 부피

4 눈금이 매겨져 있다. / 투명하다.
G·U·I·D·E 계량컵과 주사기와 젖병에는 모두 눈금이 매겨져 있습니다. 액체의 부피를 측정하는 기구들은 대부분 눈금이 있고, 투명하며 부피의 단위가 써 있습니다.

5 분유통에 표시된 물과 분유의 양에 따라 아기의 개월수에 알맞은 양의 분유를 먹일 수 있다. / 물의 양과 분유의 양을 측정하기에 편리하다.
G·U·I·D·E 분유통에는 생후 월령에 따른 분유의 양과 물의 양이 나타나 있습니다. 아기에게 분유를 먹일 때 눈금이 새겨진 젖병을 사용하면 아기의 개월수에 맞는 분유의 양과 물의 양을 측정하기가 쉽습니다.

6 풍선이 부풀어 오르고 타이어가 부풀어 오르는 것은 공기가 공간을 차지하고 부피를 가지기 때문이다.
G·U·I·D·E 공기 펌프로 풍선에 공기를 밀어 넣으면 공기가 이동하여 풍선이 크게 부풀고 바람이 빠진 타이어에 공기를 넣으면 타이어가 부풀어 오르면서 팽팽해집니다. 이것을 통해 알 수 있는 사실은 공기가 공간을 차지하고 부피를 가진다는 것입니다.

7 공기는 무게를 가지고 있다.
G·U·I·D·E 공기와 같은 기체는 눈에 보이지 않고 만질 수도 없어서 무게가 없는 것 같지만, 기체도 액체나 고체처럼 무게가 있습니다.

5 북극여우는 추운 북극에서 살기 때문에 열이 손실되는 것을 막기 위해 귀가 작고, 사막 여우는 더운 지역에서 살기 때문에 열이 잘 방출되어 체온이 너무 많이 올라가는 것을 막아 주기 위해 큰 것이다.

02 동물의 세계

1 사는 곳
G·U·I·D·E 땅, 땅과 물, 물로 분류 된 것으로 보면 사는 곳에 따라 동물을 분류하였음을 알 수 있습니다.

2 다리가 없다. / 비늘로 덮여 있다.

3 몸 표면의 특징

4 공통점 : 날개와 다리가 있음.